~ 매일 매일 기쁘게 살아요~

웃음 보따리

송종섭 편저

신교횃불

머 리 말

　　모든 사람들은 행복하게 살기를 원합니다. 어떻게 행복하게 살 것인가는 여러 학자들과 많은 철학자들이 여러 설을 주장하여 왔지만, 아직도 정설이라고 할 만한 것은 없습니다. 인생은 선택이라 합니다. 같은 여건과 환경이라도 우리가 행복을 취하면 행복할 수 있고, 불행하게 생각하면 불행하여 집니다.

　"행복해서 웃는 것이 아니고 행복해지려고 웃는다"는 말이 있습니다.
　영어로는 '웃음'이 '스마일(Smile)'과 '라프(Laugh)'가 있습니다. '스마일'은 웃으라는 명령어이고, 웃을 환경이 아니라도 웃으라는 말입니다. 반면 '라프'는 우스워서 웃는 것입니다. 성경에는 "항상 기뻐하라, 쉬지 말고 기도하라, 범사에 감사하라" 등 365번 기뻐하라는 말이 나옵니다. 매일 기뻐하라는 뜻이라고 많은 분들이 생각합니다.

　각박한 현대 생활에서 긴장을 풀고 웃기 위해서는 유머만한 것이 없습니다.
　유머는 상대방을 기쁘게 하여 주겠다는 마음에서 시작 됩니다. 설렁한 유머도 좋지만, 상황에 맞는 유머는 활력소가 되고 분위기를 전환 합니다.
　우리의 뇌는 실제로 우스워서 웃는 것과 일부러 웃는 것을 구별

하지 못 하며 억지로 웃어도 90% 이상의 효과를 얻는다고 합니다.

김승호 목사님이 담임으로 오신 후, 우리 교회는 크게 3가지 특징이 있게 되었습니다. 첫째는 설교를 2~4개의 포인트로 조명하여 부각시키고 있습니다.
둘째는 모든 목사님들이 원고를 보지 않고 설교한다는 것입니다. 셋째는 유머가 있다는 것입니다. 성도들을 기쁘게 하겠다는 마음 바탕에서 설교를 재미있게 한다는 것입니다. 그렇게 하는 것이 쉽지만은 않습니다. 많은 노력이 필요합니다. 다른 시각에서 보면 모든 분들이 상대방을 기쁘게 하여 주겠다는 마음으로 노력하면 유머리스트가 될 수 있다는 것입니다.

저는 7순을 기하여 "웃음보따리"라는 책을 편집하였습니다. 반응이 나름대로 좋았고, 사회를 밝고 기쁘게 하는데, 적은 힘이나마 도움이 되기를 바라면서 8순을 기하여 제2권을 편집하여 책으로 만들었습니다.
이 책을 읽는 분, 인용하여 말하는 분과 듣는 모든 분들이 파안대소하기를 기대합니다.

저는 좀 내성적인 성격으로 내가 말을 시작하면 분위기가 썰렁하여지고 긴장하게 하는 특수한 재능(?)을 가졌습니다. 말도 좀 어둔한 편이지만 이를 개선하기 위하여 유머에 관심을 두고 하나하나 유머를 모으고 실천하며 개선하여 왔습니다. 그래서 처음에는 전혀 기대하지 않은 분이 분위기를 잡으며 유머를 하는 것을 보고 신기하게 생각하였습니다.

팁으로 아래 제안을 드립니다. 누구나 유머리스트가 될 수 있습니다. 그렇게 되기 위하여 몇 가지만 노력하면 됩니다.

1. 재미있는 유머는 기록하여 두었다가 친구, 손자 등 가까운 분들에게 시험해 보십시오. 다 '자랐다'고 말을 잘 안 듣던 손자들과도 친밀 해 질 수 있습니다.
2. 유머 중에는 음담패설이 많습니다. 며느리에게도 할 수 있는 건전한 것을 택하십시오.
3. 많은 것을 다 암기할 수는 없습니다. 그러나 한번 사용한 유머는 오래 갑니다. 기억하는 가장 좋은 방법입니다
4. 많은 유머를 기억하고 있으면, 있는 환경과 상황에 맞는 유머를 할 수 있습니다.
5. 상대방을 기쁘게 해 주겠다는 마음으로 노력을 하다 보면 나도 모르는 사이 유머를 할 수 있게 됩니다.

행복하세요!!

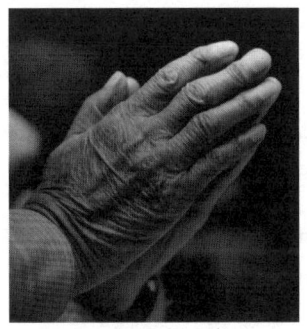

송종섭 드림

추천사 1

제가 아는 송종섭 집사님은 밝게 사시는 분입니다. 그리고 행복하고 긍정적으로 사시는 분입니다. 그는 오랫동안 부인되시는 권사님과 함께 쉽지 않은 곳에서 선교를 하시면서 하나님을 섬기신 분입니다.

최근까지 우즈베키스탄은 독재자 밑에서 종교의 탄압을 받고 있는 곳이었습니다. 그리고 아직도 절대 이슬람 민족주의 사상을 강조하는 곳입니다. 그러한 곳에서 선교를 하시며 몸도 많이 상했었지만, 그는 한국을 방문하여 저를 만나실 때마다 밝은 미소를 보이셨습니다. 얼마 전 선교지에서의 사역을 다 마치시고 돌아오셔서도 전도하는 일과 기도하는 일에 힘을 쓰시고 있습니다 또한 근방에 살고 있는 러시아인들과 고려인들을 모아 예배하는 공동체를 세워나가시고 있습니다.

늘 이렇게 적극적으로 사시며 주님을 섬기시는 데에는 분명 자신만의 '비법'이 있을 것이다 라고 저는 생각했습니다. 저는 이번에 송 집사님이 모으신 글을 보면서 그것은 주님께로부터 받는 유머를 사랑하는 데 있다는 것을 깨달았습니다. 하나님께서 우리에게 허락하신 선물 중 '웃음'이 있습니다.

이것은 동물에게서는 찾을 수 없는, 하나님의 형상으로 지음 받은 사람들에게서만 볼 수 있는 것입니다. 믿음의 조상 아브라함도 그의 아들 이름을 '웃음'이라고 짓지 않았습니까? 이 책을 통해 우리도 하나님의 선물인 웃음을 찾을 수 있길 바랍니다. 그리고 저자처럼 늘 하늘의 평강을 누리며 인생을 밝고 긍정적으로 살 수 있기를 바랍니다.

할렐루야교회
담임 김승욱 목사

추천사 2

하나님께서 우주 만물을 말씀으로 창조하셨을 때 그 피조물 중에서 하나님의 형상대로 만드신 인간이야 말로 최고의 걸작이었다고 할 수 있습니다.

그런데 하나님께서 그러한 인간의 마음과 몸 속에 심어주신 "웃음"이야 말로 그 걸작을 더욱 빛나게 하는 보석이라 아니 할 수 없습니다. 이 "웃음"은 인간 이외 어느 피조물도 흉내조차 낼 수 없는 독특한 하나님의 선물이자 축복인 것입니다.

창세기 1장에 기록한 대로 하나님께서 여섯 날에 걸쳐 만물을 창조하실 때 „일 작업을 마치셨을 때마다 "보시기에 좋았더라"고 감탄하시는 장면이 나옵니다. 모르긴 해도 그 순간 하나님께서는 환하게 웃으시는 표정을 짓지 않으셨을까, 혹시 웃음 소리까지 내지 않으셨을까 하는 상상을 해보게 됩니다. 왜냐하면 하나님의 형상대로 지음을 받은 우리가 기쁘거나, 재미있거나, 감탄하거나 신이 날 때 저절로 웃고 웃음소리를 내게 된다고 하면, 당연히 하나님께서도 그럴 때면 우리처럼 웃고 웃음소리를 내시는 분이 아니겠느냐 라는 상상이 가능하니까요.

참말로 웃음은 우리 인간이 삶을 살아가는데 있어 마치 먹는 것만큼이나 절대로 없어서는 안 되는 필수품이라 해도 과언이 아닐 것입니다. 신 구약성경 속에도 이 웃음을 자아내게 되어 있는 "기쁨"이라는 단어가 거의 300 번이나 나오는 것을 보더라도 웃음은 하나님께서 선사해 주신 우리 삶의 가장 가까운 동반자라 보아야 할 것입니다.

우리에게 이토록 귀하고 놀랍고 절대 없어서는 안될 하나님의 선물 "웃음"을 그 동안 전공도 아닌데 틈틈이 독학으로 공부하신 결과 이번에 어느덧 두 번째로 : 웃음보따리"라는 제목으로 수백까지 웃음거리를 담은 책을 내게 되신 분이 바로 저자 송종섭 선교사이십니다. 책이 아니더라도 이분이 계신 자리(심지어 뻐스 안에도)에 있기만하면 반드시 이분을 통한 웃음이 터져 나오는 것을 저도 여러 번 경험했으니까요.

송선교사님은 전북 무주 출신으로 서울대 공대 토목공학과를 졸업하시고 일생을 토목 기술사로서 엔지니어링 분야 여러 곳에서 성공적으로 일하시다가 71세 되시는 해에 할렐루야교회와 MVP 파송으로 우즈베키스탄에 선교사로 나가셔서 6년 간 귀한 선교사역을 하신 여전히 건강하시고 활력이 넘치시는 시니어 선교사의 모델이십니다. 현재도 한국에 와 있는 러시아권 출신 다문화 가족과 근로자들을 섬기며 예배를 도우시는 하나님의 일꾼이자 웃음 전도자십니다.

이 책을 통해 웃음이 사라져가는 우리 사회에 하나님이 주시는 진정한 웃음을 더욱 널리 전파하는 "시니어 선교한국"의 선두주자가 되시길 기원합니다,

전)유엔대사, 시니어선교한국대표 이시영

CONTENTS

머리말 _ 3
추천사(1) _ 6
추천사(2) _ 8

제 1장 • 생활 _ 12
제 2장 • 퀴즈 _ 31
제 3장 • 여자와 남자 _ 42
제 4장 • 사오정 _ 54
제 5장 • 가정과 종교 _ 79
제 6장 • 어린이 _ 102
제 7장 • 남편과 아내 _ 121
제 8장 • 넌센스 퀴즈 _ 142
제 9장 • 격언, 속담과 상식 _ 161
제 10장 • 부모와 자식 _ 170
제 11장 • 학생, 군인과 전문인 _ 184
제 12장 • 동물 _ 208
제 13장 • 기타 _ 224

편집후기 _ 244

제 1 장
생 활

　화냄과 기쁨은 강력한 전파력이 있습니다. 내가 일으킨 작은 기쁨의 물결은 나비 효과를 일으켜 큰 파도가 되어 사회 전체로 퍼지고 나에게도 보답으로 돌아옵니다.

　유머도 나라마다 특색이 있습니다. 우리나라 유머는 톡톡 튀는 재치로 즉흥적으로 웃음이 나오게 합니다. 서양의 유머는 음미 하여보고 입가에 웃음이 나오게 합니다. 어떤 분은 이해가 안 되기도 하며, 옆 분의 설명을 듣고서야 웃는 사람도 있습니다. 설렁한 유머는 서양의 유머라 생각하고 잘 음미 해보면 이해가 될 수 있습니다. 우리나라가 IT 선도국가가 된 것도 이런 문화의 영향이 크리라 생각합니다.

민족마다 자기들의 생활에 영향을 많이 주는 소재가 유머가 되기도 합니다.
과일이 많은 우즈벡키스탄에는 이런 유머가 있습니다.

어떤 사람이 배가 아파 병원에 갔는데 의사가 묻습니다.
의사 "무엇을 먹었습니까?"
환자: "어제 저녁 덜 익은 과일을 먹은 것 같습니다."
의사가 주는 약을 보고 환자가 말했습니다.
"눈이 아픈 것이 아니고, 배가 아픈데요."
 의사 왈: "압니다. 앞으로는 잘 보고 과일을 먹으라고요!"

1.1 만원 에레베터에서

A: "실례합니다. 조금만 내릴게요."
B: "그러지 말고 복잡한데 다 내리세요."

1.2 설사약

월남전이 한창 일 때의 일이다. 날씨는 덥고 위생 상태는 좋지 않아 동료와 같이 점심 사 먹은 것이 안 좋았는지 배가 아프고 설사가 났습니다.

중국 약국에 간 나는 옥편을 찾아가며 설사약 달라고 썼습니다.

그 약을 먹고 동료와 나는 죽을 고생을 하고 화장실을 들락 거렸습니다.

지사제를 달라고 할 것을 우리 식대로 설사약 달라고 했으니, 약사야 진짜 설사약을 주었겠지요. 그것을 먹은 것입니다.

1.3 가랑비와 이슬비

가난한 처가에 와서 가지 않고 있는 사위에게 장모가 한마디 하였습니다.

"가라고 가랑비가 오네!"

사위가 뒤질세라 응수했습니다.

"있으라고 이슬비 오네요!"

1.4 궁금해서

6.25 직후 군화와 군복을 염색하여 입고 판잣집에서 피난살이를 하고 있을 때의 일입니다.

이웃 방 청년이 밤중에 들어와 신발을 벗어 판자벽에 던져 스트레스를 풀었습니다. 참다 참다 견디지 못하고 이웃 방 노인이 찾아와 한마디 하였습니다.

"그 신발 던지는 소리에 잠을 깨면, 다시 잠이 안 오니 제발 삼가 주게"

다음 날 청년이 한 짝을 던지고 옆방 노인 말이 생각나 한 짝은 벗어 조용히 내려놓았습니다.

그런데 옆 방 노인이 들으니 한 짝은 분명히 던졌는데 다른 한 짝은 언제 던지나 기다리다

〈별 생각이 다 생겨 밤을 꼬박 새웠습니다.〉

1.5 No more Song

내가 중동의 영국 회사에서 사표를 내고 송별회식장에서 있었던 일입니다.

Mr Song(노래가)이 사표를 내었습니다.

We have no more song, now we have only music.

(우리에게는 이제 노래가 없습니다. 오직 음악만이 남아 있을 따름입니다.)

1.6 교통사고

교통사고로 입원한 봉수를 면회 온 친구가 말했습니다.
"자넨 목발을 짚고 다니다 그냥 다니다 하니 어떻게 된 건가?"
봉수는 난처해하며 대답 했습니다.
"보상 때문이지! 의사는 그냥 다녀도 된다는데, 변호사는 목발을 짚고 다니라고 한단 말이야!"

1.7 의리 없이

미국 북부 산속을 두 친구가 걷다가 험상궂은 곰을 만났습니다.
실발 끈을 단단히 매고 있는 동료에게 말했습니다.
"자네 정신 있나? 저 곰보다 빨리 뛸 수 있을 것 같아?"
"물론 불가능하지, 그렇지만 자네보다 빨리 뛰어야겠지?"

1.8 사형장에서

러시아인과 유대인이 사형장으로 끌려 왔습니다.
교도관이 그들에게 마지막 소원을 들어 주기 위해 물었습니다.
러시아인이 먼저 대답했습니다.
"고해성사를 하고 싶소."
교도관은 흔쾌히 허락하고 신부님을 데려 왔습니다.
유대인도 자기 소원을 말했습니다.
"저는 죽기 전에 싱싱한 딸기 한 접시만 먹고 싶습니다."

교도관은 난처했습니다.
"이 겨울에 시베리아 어디에서 딸기를 찾나?"
그러자 유대인이 대답했습니다.
"서두르실 거 없어요. 제철 때까지 제가 기다리지요. 뭐?"

1.9 못 말리는 술꾼

어떤 남자가 술에 취해 한쪽 다리는 보도 위에, 다른 쪽 다리는 하수구 도랑을 따라 걷고 있었습니다. 지나가던 사람이 이상하여 물었습니다.
"실례합니다. 댁은 왜 한쪽 다리를 도랑에 넣고 걷고 있습니까?"
"제가 지금 그렇게 걷고 있습니까?"
"그렇습니다. 왜 그렇게 걷습니까?"
술 취한 사람이 말했습니다.
"감사합니다. 하나님! 저는 갑자기 한쪽 발이 다른 쪽보다 짧아진 것을 걱정하고 있었습니다."

1.10 미치면

주택복권에 미친 남자가 있었는데 음식점에 들어 와 음식 주문을 하면서
"저, 주택 볶음 하나만 주세요!"

1.11 꽃을 사랑 하는 분

영국의 극작가 조지 버나드쇼의 집에 손님들이 찾아갔는데, 집에는 꽃 한 송이 장식 되어 있지 않았습니다. 손님 중 한 사람이
"버나드씨, 당신은 꽃을 무척 사랑하는 것으로 알고 있었는데, 당신 집에서 꽃병 하나도 볼 수 없으니 웬일입니까?"
그러자 그는 웃으면서
"당신은 아이들을 사랑하시죠?"
"그럼요."
"어린이를 사랑한다고 해서 어린아이들의 목을 잘라다가 꽃병에 꽂습니까?"

1.12 습관이 되면 내 것이지

목사님이 교회 근처에 사는 한 거지를 돕고 있었는데 하루는 거지가 교회로 찾아와 부목사님께 말했습니다.
"목사 양반 어딨수?"
"왜 그러십니까?"
"아니 이 양반! 매달 5만원씩 보내주더니 이번 달엔 3만원 밖에 안 보냈어."
"잘은 모르지만 아마 올해부터 목사님 따님이 대학에 가기 때문에 형편이 좀 어려우실 겁니다."
그러자 이 거지는 다짜고짜 부목사에게 소리 쳤습니다.
"아니 이 양반이! 정신이 있나 없나? 자기 딸 등록금은 자기 돈으로 보내야지!"
"남의 돈을 왜 써!!"

1.13 죽음도 면케 한 지혜

옛날 왕의 총애를 받던 광대가 큰 실수를 저질러 처형을 당하게 되었습니다.

왕은 그 동안의 공적을 생각하여 이렇게 말했습니다.

"당장 처형해야 하나 선택의 기회를 주겠다. 이 모래시계의 모래가 밑으로 다 떨어질 때까지 어떻게 죽고 싶은지 방법을 선택하라!" 모래가 밑으로 다 떨어진 다음 왕은 광대에게 죽음의 방법을 물었습니다. 그러자 광대는 이렇게 말해 죽음을 모면했습니다.

"미천한 저에게 기회를 주셔서 감사합니다. 저는 늙어 죽는 방법을 선택했습니다."

1.14 충청도 사람들

충청도 사람들이 말이 느리다고 하는데, 사실은 제일 빠릅니다

1. "저하고 춤 한번 추실래요?"를 … "출껴!"
2. "저 콩깍지는 깐 콩깍지냐, 안 깐 콩깍지냐?"를 … "깐겨, 안 깐겨?"

1.15 기사와 승객

구소련의 브레지네프 서기장은 자동차 마니아였습니다. 캐디락을 타고 맹렬한 속도를 내며 기분 전환을 하고 있는데 경찰관이 차

를 불러 세웠습니다. 그런데 가까이 다가가 보니 브레지네프 서기장이 핸들을 잡고 있는 것이 아닌가!

경찰관은 당황해서 자세를 바로잡고 뒷자리에 앉은 남자에게 정중히 경례했습니다.

"어째서 나에게는 경례를 하지 않는가?"

브레지네프는 불쾌해서 경찰관을 나무랬습니다.

"그 사람은 내 운전기사라고!"

"죄송합니다! 서기장 각하께서 운전하시기에 굉장히 대단한 분이신 줄 알았습니다."

1.16 속도위반

봉수는 경부고속도로를 시속 130km로 달리다가 모퉁이에서 경찰관에게 걸리고 말았습니다.

경찰: "수고하십니다. 줄곧 기다리고 있었습니다."

봉수: "네, 그래서 저도 될 수 있는 한 빨리 달려왔죠."

경찰관은 껄껄 웃더니 조심 해 가십시오. 하며 보내 주었습니다.

1.17 효과만점

중국의 어느 식당 주인은 자기 가계 앞에 자전거를 몰래 세워놓고 가는 사람들 때문에 피해가 많았습니다. 자기네 식당 손님들의 자전거를 세워둘 공간이 없기 때문입니다.

'불법 자전거 주차 금지' 벽보를 붙여 보아도 별 효과가 없었습니다.

고심하던 주인이 아래와 같은 벽보를 붙인 후 효과 만점이었습니다.

"여기 있는 자전거들은 주인이 없는 것이니, 필요하면 아무나 가져가셔도 상관없습니다. 단 가계 표시가 있는 것은 제외"

1.18 군살

보태기보다 빼기가 훨씬 어렵다고 하는 것은 초등학생들만의 불만이 아니다. 〈다이어트 여성들의 이구동성이다.〉

1.19 사제지간

수업 중 교실 안이 소란스럽자. 반장이 공부하기 싫은 사람은 밖으로 나가라고 했습니다. 그러자 그 말을 들은 선생님이 책을 들고 조용히 밖으로 나갔습니다.

1.20 생각

재영이와 삼돌이는 '적극적인 사고'의 중요성에 대해 이야기를 나누고 있었습니다. 재영이는 삼돌이에게 적극적인 자세에서 얻을 수 있는 이점에 대해 열심히 설명하면서 전에 인상 깊게 들었던 한 구절을 인용했습니다.

"여보게, 이걸 기억해두게. 사람은 자기가 가장 많이 생각하는 것이 되는 법이야."

"큰일 났군!"
삼돌이가 느닷없이 큰 소리로 외쳤습니다.
"그럼, 난 여자가 되겠는 걸."

1,21 영어 Talk(대화) 시험

　어느 대학에서 중간고사 대신 가상현실에 처하여 영어로 대화하는 실력으로 점수를 주기로 했습니다.
　교수: 다음 Mr Brown하고 김군 앞으로.
　김군은 한국에서 미국에 관광차 찾아간 한국 학생, 그리고 Mr Brown은 미국에 사는 현지인.
　자 시작해 볼까 … 제한 시간은 2분.
　김군(한국인 학생): Excuse me, can you speak korean?
　Brown(미국 현지인): Yes, I can.
　김군: 한국말을 할 줄 아시는 분이시군요. 반가와요. 자유의 여
　　　　신상을 보러 가려면 어디로 가요?
　Brown: 네, 저기서 노란색 버스 타고 세 정거장 가서 내리세요.
　김군: 감사합니다.
　Brown: 한국어학과에 다니는데 이 정도는 해야죠.
　교수: '있을 법한 상황' 이므로 인정한다.
　교실은 뒤집혔고, 교수님은 이를 패러디할 경우 F에 처한다고 저작권 보호성 경고까지 했습니다.

1.22 착각들

1. 아기들의 착각
   울면 다 되는 줄 안다.
2. 엄마들의 착각
   자기 애는 머리는 좋은데 공부를 안 해서 공부를 못 하는 줄 안다.
3. 초등학생들의 착각
   자기가 서울대 갈 수 있을 줄 안다. 못 가면 최소한 연, 고대는 가는 줄 안다.
4. 인문계 학생들의 착각
   모든 실업계 고등학생들이 자기보다 공부 못 하는 줄다.
5. 남자들의 착각:
   여자가 자기를 쳐다보면 자기한테 호감 있는 줄 안다.
   솔직히 나정도면 괜찮은 남자인 줄 안다.
   여자들이 싫다고 하면 다 튕기는 줄 안다.
   못 생긴 여자는 꼬시기 쉬운 줄 안다.
   임자 없는 여자는 다 자기 여자가 될 수 있을 줄 안다.
6. 여자들의 착각
   남자가 자기한테 먼저 말 걸면 관심이 있는 줄 안다.
   남자가 어떤 여자랑 같은 방향으로 가게 되면 관심 있어서 따라 오는 줄 안다.
   어쩌다 사진 좀 잘 나오면 자기가 이쁜 줄 안다.
7. 실연한 사람들의 착각
   자기 케이스가 세상에서 제일 비참한 줄 안다.
   자기만 상처를 많이 받아서 불쌍한 줄 안다.
   영화에서나 벌어질 만한 일이 자기한테 벌어진 줄 안다.

8. 제대한 사병들의 착각
　일선에서 자기가 제일 고생한 줄 안다.
　그러면서도 특별한 우대를 받았다고 생각한다.
　후방에서 자기가 제일 편안하게 지낸 줄 안다.
　기합 이야기가 나오면 자기가 제일 경험을 많이 한 줄 안다.

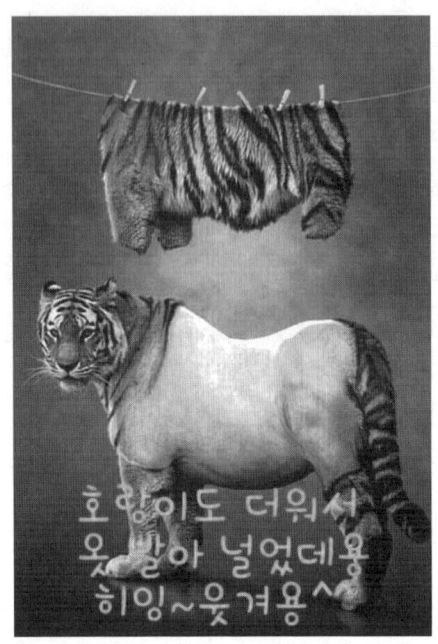

2016년 여름 폭염시

1.23 교통 위반 단속

모스크바 교통경찰에게 특별지시가 내려졌습니다. 속도위반 차량은 지위고하를 막론하고 벌금을 부과하라는 지시였습니다.

하루는 고르바초프 서기장이 출근을 하고 있었습니다. 그런데 시계를 보니 회의 시간에 늦을 것 같았습니다. 고르바초프는 운전기사를 뒷좌석에 앉히고

자신이 운전대를 잡더니 속력을 냈습니다. 교통경찰이 고르바초프가 운전하는 차를 세우고 차 안을 살펴보더니 그냥 보냈습니다. 다른 교통경찰이 물었습니다.

"지위고하에 상관없이 적발하라는 지시가 있었는데 왜 그냥 보냈습니까?"

"너무 높은 사람이어서 그만 … ."

"도대체 누군데요?"

"몰라요. 누군지는 알 수 없는데 그의 운전기사가 고르바초프 서기장이었어요."

1.24 임기응변

미국의 해학가요, 소설가인 마크 트웨인과 법률가요, 의회의원이며 웅변가인 촌시 미첼 디퓨가 같은 배를 타고 해외여행을 가게 되었습니다. 배가 여러 날 항해하고 있을 때 둘 다 저명한 인물들이므로 두 사람이 다 만찬 연설에 초청되었고 마크 트웨인에게 먼저 연설의 기회가 주어졌습니다. 그는 20분간을 이야기를 했는데 크게 히트를 쳐서 디퓨에게는 적지 않은 부담이 되었습니다.

이제 유명한 이야기꾼인 디퓨의 차례가 왔습니다.

그는 일어서서,

"사회자님, 그리고 신사 숙녀 여러분, 이 만찬이 있기 전에 마크 트웬과 나는 연설을 바꾸어서 하기로 서로 합의를 보았습니다. 저는 여러분들께서 진지하게 경청해 주신데 대하여 감사를 드립니다. 그런데 참으로 죄송한 것은 그의 연설 요지를 저는 잃어버렸습니다. 유감스럽게도 그가 말하려고 했던 것들을 하나도 기억할 수 없군요. 그리하여 이상으로 말씀을 마치겠습니다."

그리고 자리에 앉았습니다.

그로 인해 연회장은 웃음바다가 되었습니다.

1.25 입사 시험

여러 곳에 입사 시험을 보았지만 번번히 면접에서 실패한 봉수는 융자회사 시험에 응시했는데 이번에도 경험이 없는 것이 약점이었습니다. 면접시험에서 사정사정하여 책임자로부터 채무자에게서 돈을 받아오면 입사 시켜준다는 약속을 받아냈습니다.

두 시간도 안 되어 봉수는 채무자로부터 전액을 받아 가지고 왔습니다.

면접 책임자가 정말 놀랍다며 도대체 어떻게 됐냐고 묻자.

"그거야 쉽죠. 그 친구한테 만약 돈을 안 갚으면 그의 다른 채권자들에게 가서 그가 돈을 갚았다고 말하겠다고 했더니 얼른 돈을 내놓더라고요."

1.26 입사원서

병수가 취직을 하게 되었습니다. 입사원서를 신이 나서 써 내려갔습니다. 이름과 주소를 쓰고 나니 비상시 연락난이 나왔습니다. 병수는 잠시 생각하다가
'119'
라고 적었습니다.

1.27 적재적소

나 같은 사람을 야간 경비원으로 써주면 열심히 자지 않고 일하겠는데.
– 불면증 환자의 독백 –

1.28 조언

한 소녀가 조언을 얻기 위해 목사님을 찾아 갔습니다. 그 소녀에게는 구애자가 있었는데 그의 진심을 알 수가 없었던 것.
이야기를 듣고 난 목사님은 미소를 띠며 말했습니다.
"그걸 알기는 아주 쉬워요. 남자들이 바보 같은 짓을 하기 시작하면 진정이라는 걸 알 수 있거든요!"

1.29 중국

미국인이 중국을 가보니 자기 나라와는 너무도 다른 것이 많아 혼자 말로 "차이나!" 하였다.

그래서 '차이나'가 중국 나라 이름이 되었다.

1.30 번호표 뽑아 오세요.

손님이 밀리는 은행 창구에 덥수룩한 40대 남성이 곧바로 창구로 다가와서 "속도위반 벌금 내러 왔어요."라고 하자
은행 창구 아가씨가 "번호표 뽑아 오세요"라고 말했습니다.
아저씨 "정말 번호표 뽑아 와야 해요?"
아가씨 "그럼요. 뽑아 오셔야 돼요."
아저씨 "왜 번호표를 뽑아 오라고 하는 거야!"
하고는 사라졌습니다.
한참 후 은행 직원들은 기겁을 했습니다.
이 아저씨 자기 차 번호판을 내밀면서 말했습니다.
"여기 있어요!!"

1.31 무서운 한국 사람들

모처럼 한국을 찾은 2세 불란서인인 봉수에게 과장은 점심을 샀습니다. 점심 후 과장은 봉수씨에게 말했습니다.
"입가심으로 개피사탕 먹겠습니까?"
"세상에 한국 사람은 돼지피, 쇠피를 먹는다는 말은 들었지만,

개(犬)피로 과자를 만들어 먹다니!!"
"싫습니다"
그러자 과장님은 그럼 눈깔사탕은 어때요?
"누구 것이냐?"고 물었더니
"내가 사장거 몰래 빼었어요."
나 기절 했어요.
눈을 떠보니 과장님은 몸이 많이 약해져서 그렇다고 집에 가자고 했어요
그러면서
"우리 마누라 내장탕 먹자고 했어요."
또 까무라 쳤어요.
그리고 길거리를 지나며 식당 간판을 유심이 보고 더 놀랐어요.
빈대떡, 할머니 뼈다구 해장국, 할머니 산채 비빔밥!!!
미쳐버리는 것이 낫겠어요!!!

1.32 9자와 6자

김 집사: "자금 융통이 되지 않아서 그러는데 백만 원만 빌려줄 수 있겠어요?"
이집사: "좋아요. 집사님을 위해서라면 당연히 빌려드리죠."
김집사: "그런데, 이자는 몇 부로 빌려 주실 거 에요?"
이집사: "9부만 받기로 하지요."
김집사: "같은 교인끼리 9부라니요. 하나님께서 위에서 보시면 뭐라고 하시겠어요?"
김 집사는 느긋하게 대답했습니다.
"하나님께서 위에서 보시면 6자로 보이겠지요. 뭐...!"

동생 손녀 딸, 예나

3세대가 즐겁게

제 2 장
퀴즈

　퀴즈는 재치, 의외성, 남을 위하는 마음으로 전혀 다른 각도로 사물을 관찰할 때 나옵니다. 사오정이 이래서 웃음을 만들지만 당사자가 상처를 받으면 절대로 안 됩니다. 가난과 억압으로 고통 받았던 우리 조상들은 재담과 유머가 있었고, 시와 소설, 탈춤과 각설이, 해학과 풍자 등으로 고난을 견뎌 내었습니다. 〈소문만복래〉를 외치며, 외침과 양반들의 고난을 이기고 오늘을 이루어 놓았습니다.

비행소년이 된 손자들

우리 가족들(2010)

인내를 온전히 이루라 이는 너희로 온전하고 구비하여
조금도 부족함이 없게 하려 함이라(약 1:4)

2.1 별난 나라들

- '경찰서가 불탔다.'를 세자로 줄이면? … 불란서
- 제일 배고픈 나라는? … 항가리
- 남자를 선호하는 나라는? … 남아공
- 차가 없어 걸어 다니는 나라는? … 인도
- 시비가 많고 잘 싸우는 나라는? … 칠레
- 목축을 많이 하는 나라는? … 소 말 리아
- 제일 거만한 나라는? … 오만
- 옷을 제일 잘 입는 나라는? … 가봉
- 정확히 인도의 네 배가 되는 나라는? … 인도네시아
- 장애인이 많은 나라는? … 네팔
- 지혜자가 많은 섬 나라는? … 솔로몬 군도
- 종교심이 많은 나라는? … 예멘(아멘 발음은 좀 틀리지만)
- 쇼핑광들이 많이 사는 섬은? … 사 모아

2.2 퀴즈 1

- 가장 빠른 차는? … 뺑소니 차
- 공부해서 남 주는 사람은? … 교사
- 허수아비의 아들 이름은? … 허수
- 머리가 수염보다 먼저 희어 지는 이유는?
    … 20여년 먼저 났으니까
- 펜 하나면 점령 할 수 있는 고지는? … 원고지
- 아주 오래 전에 건설 된 다리는 무엇이라 하는가? … 구닥다리
- 고기를 먹을 때 마다 필요한 기구는? … 이쑤시개

2.3 파도가 춤을 추는 이유는?

갈매기가 노래를 부르고 물고기가 흥을 돋우며 춤을 추기 때문입니다.

2.4 여자 없이는 못사는 사람은?

산부인과 의사

2.5 개 시리즈

- 항상 등에 업혀 다니는 개는? … 지개
- 가장 소리가 큰 개는? … 번개
- 가장 작은 개는? … 이 쑤시개

2.6 퀴즈 2

- 권투선수의 대진료 계산 방식은? … 주먹구구식
- 가장 달콤한 술은? … 입술
- 총을 쏠 때 한쪽 눈을 감는 이유는? … 두 눈 감고는 못 쏘니까
- 떼돈 벌려면? … 목욕탕 업을 해라
- 벼락부자가 되려면? … 피뢰침 장사를
- 관광지에서 법적으로 바가지요금을 받아도 되는 사람은? … 바가지장수

- 돈을 벌려면 자주 망쳐야 되는 사람은? … 어부

2.7 기독교인이 살고 싶은 동네는?

낙원동

2.8 유머 1

- 눈 오는 날만 일 하는 사람은? … 안과 의사
- 백인과 흑인 사이에 갓 태어난 아이의 이빨 색은? … 이가 없다.
- 깡패란? … 깡다구 부리다 패가망신한 사람
- 25도 소주 4병과 45도 빼갈 두병을 섞어서 마셨다면 몇 도인가? … 졸도

2.9 퀴즈 3

1. 화장실을 W. C. 라 하는데 무슨 약자일까요?
    … 웅(W) 하고, 쉬(C) 하는 곳
2. 하나님은 인간에게 왜 구원을 주셨을까?
    … 일원은 십일조로 떼고 주셨다.
3. 노처녀가 제일 먹고 싶어 하는 국은?
    … 해산 후 미역국

2.10 오염

1. 국회위원과 수녀가 상수원 수원지에 빠졌는데 누구부터 건져야 되겠습니까?
    … 국회위원, 그는 상수원을 오염 시킬 위험이 있으므로.
2. 고3 학생이 대학 입시에 합격 하는 꿈은?
    … 재수 없는 꿈
3. 얼굴에 철판 깐 사람은?
    … 전기 용접공

2.11 유머 2

1. 길이가 2km나 되는 발은? … 오리발
2. '오리지날' 이란? … 오리도 지랄하면 날 수 있다.
3. 천재 남편과 백치 아내 사이에서 태어난 아이는?
    … 갓난아이
4. 곤충 중 수컷만 있는 곤충은? … 고추잠자리
5. 우리 역사에서 가장 오래 된 기둥서방은? … 천하대장군
6. P. R.이란? … 피할 것은 피하고 알릴 것은 알려라

2.12 나치와 개의 차이

나치와 개의 차이는 무엇일까?
나치는 오줌을 눌 때도 오른 팔을 든다네,
그런데 개는 뒷다리를 들지요

2.13 웃음 십계명

사람이 가장 아름다워 보일 때는 웃고 있을 때라고 합니다. 웃을 때 암을 이길 수 있는 엔터페롤이 200배나 나온다고 하고, 기쁜 노래를 할 땐 "다이돌핀"이라는 성분이 4,000배가 나온답니다.

1. "크게 웃어라"
   … 크게 웃는 웃음은 최고의 운동 이며, 매일 1분 동안 웃으면 8년은 더 오래 삽니다.
2. "억지로라도 웃어라"
   … 병은 무서워서 도망갑니다.
3. "잠자리에서 일어나자 마자 웃어라"
   … 아침에 첫 번째 웃음은 보약 중에 보약입니다.
4. "시간을 정해 놓고 웃어라"
   … 약을 시간 맞춰 먹지 말고 웃어라.
   병원과 의사와는 영원히 결별이다.
5. "마음까지 웃어라"
   … 얼굴 표정보다 마음 표정이 더 중요합니다.
6. "즐거운 생각하며 웃어라"
   … 즐거운 웃음은 즐거운 일을 창조합니다.
7. "함께 웃어라"
   … 혼자 웃는 것보다 33배 효과가 있다.
8. "힘들 때 더 웃어라"
   … 진정한 웃음은 힘들 때 웃는 것.
9. "한번 웃고 또 웃어라"
   … 웃지 않고 하루를 보낸 사람은 그 날을 낭비한 것이다.

10. "꿈을 이뤘을 때를 상상하며 웃어라"
    … 꿈과 웃음은 한 집에서 산답니다.

2.14 퀴즈 4

1. 바늘만 가지고 다니는 사람을 무엇이라 부르나?
   … 실없는 사람
2. 라이타는 있는데 담배가 없는 사람은?
   … 불만 있는 사람
3. 그렇다면 담배만 가지고 다니는 사람은?
   … 불필요한 사람
4. 부모와 자식들이 63빌딩에서 투신 했으나 아무도 죽지 않았다. 이유는?
   … 아버지는 제비족, 어머니는 날라리, 큰 아들은 비행소년, 막내는 덜 떨어진 아이여서
5. 못 생긴 사람 때문에 먹고 사는 사람은?
   … 성형외과 의사
6. 소방수와 운동선수가 싸우면 누가 이길까?
   … 소방수 : 물불을 안 가리니까
7. 장님과 벙어리가 싸우면 누가 이길까?
   … 장님 : 뵈는게 없으니까.

2.15 퀴즈 5

1. 사방이 꽉 막힌 여자는? … 엘리베이터 걸

2. 아프지도 않은데 집에서 매일 쓰는 약은? … 치약
3. 긴 것은 상대도 않고 짧은 것만 상대하는 것은? … 재떨이
4. 임신한 여자가 어린이를 업고 있으면 어떤 여자일까?
   … 행복한 여자 – 배부르고 등 따스하니까.
5. 우리나라 가수 중에서 잠이 제일 많은 여자는? … 이미자
6. 붉은 길에 떨어져 있는 동전은? … 홍길동전
7. 세상에서 가장 뜨거운 바다는? … 열바다
8. 세상에서 가장 추운 바다는? … 썰렁해
9. 양초 갑에 초가 꽉 차 있을 때를 3자로? … 초만원
10. '개가 사람을 가르친다' 를 4자로? … 개인지도
11. 어린아이가 사귀는 애인은? … 아기자기
12. 진짜 문제투성이 인 것은? … 시험지
13. 사람이 일생 동안 가장 많이 하는 소리는? … 숨소리
14. 사람이 제일 좋아 하는 공은? … 성공
15. 누구나 즐겁게 웃으며 읽는 글은? … 싱글벙글
16. 물고기 중에서 가장 학벌이 좋은 고기는? … 고등어
17. 사람이 생수보다 더 좋아하는 물은? … 선물
18. 전축을 틀 때 흘러나오는 소리는? … 판소리
19. 커다란 화재가 나면 가장 큰 희생물은 나다. … 물의 독백

2.16 착각

사랑이란 자기 남자는 다른 남자들과 다를 거라고 착각하는 것이다.

2.17 공통점

설교가 재미없고, 힘이 없는 목사님과 남편이 없는 여자의 공통점은?

　… 다 같이 영감이 없다.

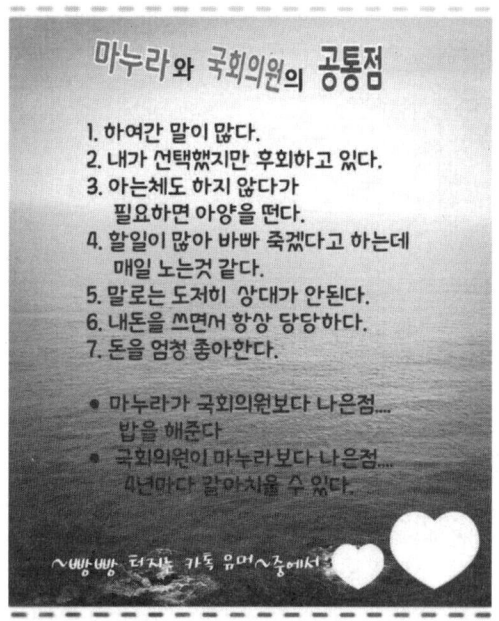

카톡방에서

2.18 숫깨기

- 나사로가 살아 나서 처음 한 말은? … 나살았어
- 노인들이 제일 좋아 하는 폭포는? … 나이야 가라

- 소가 방귀를 꾸었다를 세자로 줄이면? … 우겼다
- 돼지가 방귀를 꾸었다를 세자로 줄이면? … 돈까스
- 서울 지하철역 중 제일 시끄러운 역은? … 대화역

2.19 여자 화장을 나이별로 표현하면

- 20대 … 화장
- 30대 … 분장
- 40대 … 변장
- 50대 … 포장

2.20 아내를 오리로 비유하면

- 집에서 살림이나 하는 아내 … 집오리
- 용돈이라 - 벌어 오는 아내 … 청둥오리
- 보험 등으로 억대 연봉을 버는 아내 … 황금오리
- 날마다 쇼핑에다가 바람까지 피우는 아내 … 어찌 하오리

2010. 4. 우즈벡의 한인 바자회

설날에 온 가족들(2010년)

친구 손주 손녀

제 3 장
여자와 남자

　이혼을 하는 부부들은 성격 차이 때문이라고 많이들 말합니다. 여자와 남자는 하나님이 다르게 창조하였습니다. 다르기 때문에 서로 보완이 됩니다.
　성격이 다르기 때문에 같이 못 살겠다고 생각하면 헤어질 수밖에 없습니다. 그러나 다르기 때문에 조화를 이루며 잘 사는 부부들도 많습니다.

2015년도 성령 강림의 날 러시아 다문화 가족

우리 부부는 달라도 너무 다릅니다. 저는 저녁 9시가 넘으면 졸음 때문에 정신이 몽롱합니다. 일찍 자고 새벽 일찍 일어납니다. 그러나 아내는 밤 12시가 다 되도록 자기 일을 합니다. 우리 집은 교대로 불침번을 서고 있습니다. 아내는 감정에 따라 움직이지만, 저는 타당성을 검토하며 움직입니다. 아내는 잔돈을 효과적으로 잘 사용합니다. 그러나 저는 필요하다면 큰돈을 내 놓을 수는 있지만 효과적으로 적은 돈을 사용하는데는 서툽니다.

외출을 해도 아내는 한번 결정하면 해야 직성이 풀립니다. 자기의 감기가 심해도 병문안을 하기로 결정하였으면 가야 합니다. 저는 여건을 따지기에 바쁩니다. 비 오는 밤이니 내일 가자. 교통이 밀리는 러시아워에 왜 가느냐?

이런 사소한 일 때문에 항상 띠걱거리는 경우가 많습니다.

저는 줄 것도 없고 받을 것도 없는 인생입니다. 때문에 정직한 사람이라, 법이 없어도 살아 갈 분이란 평은 듣지만 가까운 친구가 별로 없습니다. 반면 아내는 좀 색다른 것이 있으면 누구를 줄 것인가부터 생각합니다. 아내 곁에는 항상 사람들이 많으며 친구도 많습니다. 아이들도 친척들도 아내 때문에 우리 집에 옵니다. 집안을 화목하게 하는 역할을 톡톡히 하는 편입니다.

저는 불의를 보면 나이를 잊은 채 참지 못합니다. 이런 저는 자재시키는 것도 늘 아내입니다. 저는 큰 병으로 고생을 하였으나 잔병은 없는 편입니다.

왠만한 상처는 물로만 씻어 주어도 잘 낫으며, 모기가 잘 물지도 않지만 물려도 6시간 이내에 흔적도 없이 낫습니다. 그러나 아내는 크게 아픈 곳은 없지만 조금만 과로하면 쉬어야 하고 감기에도

약 합니다. 모기도 잘 물립니다.

　한번 물리면 며칠을 고생 합니다. 우리는 체질과, 성격, 취미 등 여러 가지 면이 서로 다른 부부입니다. 그러나 우리는 지금까지 하나님 은혜로 행복하게 잘 살고 있습니다. 서로 다른 배우자를 주신 것을 감사하며 살아갑니다.

큰아들 세 식구

주 안에서 항상 기뻐하라 내가 다시 말하노니 기뻐하라(빌4:4)

3.1 목소리

1. 아내: "당신은 내가 노래를 시작하면 왜 베란다로 나가는 거죠? 내 노래가 그렇게 싫으세요?"
   남편: "아니, 내가 당신을 때리고 있지 않다는 것을 사람들에게 확인 시켜 주고 싶어서야!"

2. 어느 가수 지망생이 유명한 성악가를 찾아 레슨을 받고 물었습니다.
   "선생님 제 목소리가 어디에 맞겠습니까?"
   성악가 왈
   "불이 났을 때나, 조난을 당했을 때는 쓸 수 있겠네!"

3.2 비상구

어릴 때 화재로 혼이 난 그녀는 어디를 가나 비상구를 확인하고 잠을 자는 버릇이 생겼습니다. 경주로 졸업 여행을 간 그녀는 비상구 같은 문을 열었는데, 목욕을 하는 청년이 있는 게 아닌가?
"어머, 죄송해요. 화재 비상구를 찾는다는 게 그만..."
얼굴이 빨개진 그녀가 뛰어 가는데 그는 두 손으로 급한 데만 가린 채 사색이 되어 따라오며 물었습니다.
"어디서 불이 난거요. 잉?"

3.3 질투

봉수는 백화점 코너에서 예쁜 여자에게 부탁하였습니다.
"실례합니다. 제가 아내를 잃어 버려서 그러는데, 잠시 이야기를 좀 나눌 수 있겠습니까?"
"왜요?"
"제 아내는 예쁜 여자와 이야기만 하면 어김없이 나타나거든요."

3.4 이혼해봐야

억만장자와 결혼한 여인에게 "돈이 많아 좋겠습니다." 라고 말하고,
"재산이 얼마나 되느냐"고 물으니까 하는 말이
"확실한 액수는 이혼을 해봐야 압니다"고 하였습니다.

3.5 짐승

봉수가 애인과 같이 여행을 갔는데, 차를 놓쳐 밤을 같이 보내게 되었습니다.
여자가 봉수에게 경고했습니다.
"자기, 이 선을 넘어 오면 짐승이야."
"염려 마!"
다음날 아침 일어나 보니 여자가 한 숨만 쉬고 있었습니다.
"자기야, 왜 그래, 나 약속을 지켰잖아."
여자 왈 "짐승만도 못한 인간."

3.6 배꼽티

젊은 여성이 교회에 나올 때마다 배꼽티를 입고 나오는 것이 민망하여 장로님이 조용히 타 일렀습니다.
"교회에 올 때는 복장을 점잖게 하고 올 수 없나요?"
"왜요, 장로님? 배꼽티를 입고 왔다고요?"
"그래요."라고 장로님이 대답하자.
"아이 장로님도, 하나님께서는 중심을 보시는 분이잖아요. 그래서 깨끗이 씻고, 일부러 입고 오는 데요!"

3.7 에덴동산이 한국에 있었다면

에덴동산이 한국에 있었다면 인류는 타락하지 않았을지도 모릅니다.
일단 뱀이 이브를 유혹하기 전에 이브가 뱀을 잡아 뱀탕을 끓였을 것입니다.
만약 이브가 뱀의 유혹에 넘어갔다 하더라도 아담이 이브의 말 때문에 타락하지는 않았을 것입니다.
"한국 남자가 여자의 말을 듣는 거 봤냐고?"

3.8 최초의 남자

신학대학교 교수가 기말고사를 보면서 구두시험으로 대신하면서 어느 예쁘장하게 생긴 여학생에게 질문을 하였습니다.
"학생, 최초의 남자가 누구였나?"

여학생은 얼굴이 새빨개지더니,
"저, 교수님. 저는 정말 그러고 싶지 않았는데요… ."하고 말끝을 흐렸습니다.
그러자 교수가 하는 말,
"아니, 학생! 아담과 무슨 일 있었나?"

3.9 누구를 믿어

청소부 아줌마가 은행을 그만두면서 말했습니다.
"지점장님은 저를 너무 안 믿으셔유. 그것이 분해서 그만 두는 거예유."
"무슨 말씀입니까? 난 금고 열쇠까지 책상 위에 두지 않습니까?"
"그런데 그 열쇠가 하나도 맞지 않더라니까유!"

3.10 이럴 수가

소도시에서 과속으로 달리던 한 청년을 경찰이 잡아 경찰서로 끌고 왔습니다.
"저 말예요, 제 사정을 좀 들어 …."
젊은이가 변명을 하려했습니다.
"쓸데없는 소리하지 말아! 서장님이 돌아올 때까지 유치장에서 얌전히 기다려."
"하지만 제 말을 좀 …."
"글쎄, 조용히 하라니까. 조용히 앉아 있으란 말야!"

한참 후에 경찰이 좀 안 되었다는 생각이 들어 한 마디 하였습니다.

"서장님이 딸 결혼식에 갔으니까 당신에겐 다행이야. 돌아오면 틀림없이 기분이 좋을 테니까." 했습니다.

"어림도 없는 소리!" 유치장 속의 젊은이가 소리쳤다.

"내가 바로 그 신랑이란 말이오."

3.11 과자

봉순이가 과자 한 봉지를 사서는 가방을 들고 버스 의자에 가서 앉아서 버스가 떠날 때까지 남은 시간을 잡지책을 보며 기다리고 있는데, 바로 옆에 누군가 와서 부스럭대기 시작했습니다.

봉순이가 잡지 너머로 보니까 말쑥하게 차린 젊은 신사가 자기의 과자를 먹고 있었습니다. 말하기도 싫고 해서 아무 말도 않은 채 자기도 손을 뻗쳐 과자 하나를 집어 먹었습니다.

이런 식으로 둘이서 과자 한 봉지를 다 먹고 딱 하나 남았지만 봉순이는 신경질을 참고 한 마디도 하지 않았습니다. 그러자 그 남자는 넉살좋게 과자를 집더니 반으로 쪼개 한 조각을 봉순이에게 건네주고 자기가 반을 먹고 가버렸습니다.

버스 출발을 알리는 마이크 소리가 날 때까지 봉순이는 화가 풀리지 않았습니다.

〈그런데 버스표를 꺼내려고 가방을 열어보니 그 속에 자기가 산 과자 봉지가 그대로 있었습니다.〉

3.12 구혼

"요즘 젊은 여자들 중에는 결혼하고 싶지 않다는 여자가 상당히 많더라구!"
"그래, 그 사실을 어떻게 알았어?"
"내가 결혼 해달라고 구혼하는 여자들마다 전부 결혼하고 싶지 않다는 대답 뿐이었거든요!"

3.13 장님

오 샤연이 대학 다닐 때였습니다. 남자 친구를 만나기 위해 커피숍으로 들어간 그녀는,
"오다가 장님 같은 거지에게 돈을 줬어. 참 가엽게도 나더러 '어여쁜 아가씨, 적선 좀 합쇼!' 그러잖아."
이 말을 듣고 있던 남자 친구가 한참 있더니,
"진짜 장님은 장님이구나."

3.14 다리 이야기

오 샤연이 따듯한 봄날 명동을 거닐고 있었습니다. 그런데 옆에서 두 남자가 작은 소리로 말하는 소리가 들렸습니다.
"다리 모양도 예쁘고."
"치장도 잘 했는데"
오 샤연은 기분이 좋아서 어쩔 줄 몰라 했습니다.
두 남자는 계속 말했습니다.

"그런데 튼튼한가가 문제지."
"암, 고장이라도 나면 큰일이지."
오 샤연은 화가 나서 남자들을 노려보며 말했습니다.
"여보세요! 숙녀에게 무슨 말 버릇이에요?"
그러자 남자들이 어리둥절한 표정으로 말했습니다.
"무슨 소리요? 우린 육교 건설 이야기를 하고 있는데."

3.15 흑과 백

목사님이 주례 말씀을 하셨습니다.
"생각해 보십시오. 왜 신부는 언제나 흰 옷을 입을까요? 그렇습니다. 흰색은 행복의 상징이고 순결의 상징이기 때문이죠. 그녀 생애에 가장 행복한 일이기 때문입니다."
그러자 한 손님이 큰 소리로 물었습니다.
"그럼, 신랑이 검은 양복을 입는 이유는 뭐예요?"

3.16 아가씨의 나이

아주 잘 빠진 아가씨가 카지노에 들어서서 룰렛게임대 앞에서 번호를 정하지 못하고 머뭇거리자 눈치 빠른 딜러가 부추겼습니다.
"일단 한번 해보세요. 맞히면 상금이 100배라니까요."
"그것은 아는데 몇 번에 걸어야 할지 고민이 되어서…"
"본인의 나이 숫자에 걸어 보세요. 행운이 따를 것입니다."
아가씨는 23번에 돈을 걸었다. 게임이 시작 되고 룰렛은 23번을 지나 36번에 가서 멈추었습니다.

순간, 아가씨는 충격을 받고
"진짜 나이에 걸껄…." 하고 외치며 기절했습니다.

3.17 개가 된 남편

옛날 본처의 시샘으로 첩의 방에 갈 수 없는 남자가 기발한 생각을 해 냈습니다.
"화장실에 다녀 올 거야. 금방 다녀 올 거야"
"그걸 내가 어떻게 믿어요?"
"염려 마시오. 만일 내가 첩의 방에 간다면 천벌을 받아 개가 될 거야."
의심이 풀리지 않은 본처는 화장실에 갈 만한 끈을 발목에 매고 다녀오라고 하였습니다.
남편은 방을 나오자 끈을 풀러 개의 발목에 묶은 다음 첩의 방으로 들어갔습니다. 돌아 올 시간이 되었는데도 남편이 오지 않자. 부인은 왈칵 의심이 들어 손에 들고 있는 끈을 살살 당겨 보았습니다. 그러자 그 끈에 끌려온 것은 개였습니다. 본처는 기겁을 하고 중얼거렸습니다.
"아이쿠 이런 변이 있나! 그렇게 까지 맹서를 하고도 나를 속이더니 정말 개가 되고 말았구나!"

3.18 미녀와 추남

미인 아내와 추남 남편이 저녁을 먹고 여가를 즐기며 대화하고 있었습니다.

아내: "우리 두 사람은 모두 하나님의 축복을 받을 거예요."
남편: "그랬으면 좋겠지만 … ."
아내: "복 받고말고요."
남편: "어째서?"
아내: "왜냐하면, 당신은 나 같은 미인을 아내로 맞았으니 감사할 일이고, 나는 당신 같은 추남 남편을 만나 꾹 참고서 살고 있으니, 감사하는 자와 참는 자는 모두 하늘의 축복을 받을 수 있잖아요!!"

2016. 처음 보는 바다가 너무 좋아
(다문화가족)

제 4 장
사오정

2013. 5 우즈벡 뉴호프재활재단 일꾼들(본 NGO는 우즈벡 장애인들 의족을 무료로 해주고 여러가지 도움을 주고 있습니다.

이스라엘에는 큰 호수가 두 개 있습니다. 헬몬산에서 시작 된 물은 갈릴리호수로 흘러들어 갑니다. 이 호수에는 많은 물고기가 살고 있으며 사막에 물을 공급하여 옥토로 만드는 역할을 하는 이스라엘의 젓줄 입니다. 그러나 그 하류에 위치한 사해는 물을 받기만 하고 내 보내지 않습니다. 그래서 오랜 세월이 지나면서 소금이 쌓여 사해가 되어 아무런 생물도 살 수가 없고 악취가 납니다.

우리 인생도 같은 원리입니다. 받기만 하고 쌓아 두면 부자로 행복하여 질 것 같지만, 사해와 같이 되고 맙니다. 예수님께서는 "주는 것이 받는 것보다 복이 있다"(행20:35) 라고 말씀하셨습니다. 내게 있는 작은 것들을 남 위해 쓸 때 기쁨이 넘쳐 납니다.

할렐루야교회 러시아어 성경공부

**마음의 즐거움은 얼굴을 빛나게 하여도
마음의 근심은 심령을 상하게 하느니라 (잠 15:13)**

4.1 대학 수학 능력 평가

김혜자가 신문을 보다가 최불암에게 말했습니다.
"금년 고3 학생들의 대학 수학 능력 시험 성적이 점점 형편없어진다는 군요."
최불암이 당연하다는 듯 말했습니다.
"고등학생들에게 대학수학 시험을 보게 하니 당연히 형편없지!"

4.2 모델 하우스

어느 악질 주택건설업자가 죽어서 심판대 앞으로 가게 되었습니다. 심판관은 천국과 지옥을 보여 주면서 가고 싶은 곳을 택하라고 하였습니다.
지옥은 지금까지 그가 상상했던 것과는 많이 달랐습니다. 사람들 모두가 춤추고 즐거워하는 것 같았고, 반면 천국은 조용하기만 한 것이 사람들이 하루 종일 기도만 하고 너무 재미없을 것 같았습니다.
그래서 그는 지옥을 택했고 심판관은 그를 지옥으로 보냈습니다. 그런데 이게 웬일? 이것은 아까 본 지옥과 달리 사람들이 너무나 고통스러운 얼굴을 하고 있었습니다. 그는 심판관에게 따졌습니다.
"아니 이게 어떻게 된 일이오? 아까 본 것과는 너무나 다르지 않소?"
그러자 심판관의 말
"임마! 아까 그건 모델 하우스였어!!"

4.3 미움도 사라지고

　목사님이 설교 시간에 교인들에게 물었습니다.
　"성도님들 중에 미워하는 사람이 한 사람도 없는 분, 손들어 보세요."
　아무도 손을 들지 않았습니다.
　"아무도 없어요? 손들어 보세요."
　그 때 뒤에 앉아 있던 교회에서 제일 나이 많은 할아버지가 손을 들었습니다. 목사님이 놀라 큰 소리로 물었습니다.
　"그 비결을 말씀해 주세요."
　할아버지는 이가 없어 바람이 새는 목소리로 말했습니다.
　"있었는데 이젠 다 죽었어!"

4.4 목이 돌아갔네!

　어느 청년이 바람의 저항을 덜 받기 위해 잠바를 거꾸로 입고 오토바이를 타고 달렸습니다. 청년이 신나게 달리다가 잠시 한 눈을 파는 바람에 가로수에 부딪쳐 논두렁에 쳐 박히고 말았습니다. 청년은 기절한 상태였습니다.
　같은 동네 사는 노인이 길을 가다가 보니 청년이 기절해 있었습니다. 자세히 보니 청년의 목이 반대로 돌아가 있었습니다. 노인은 큰일 났다 싶어 청년의 가슴을 발로 밟고서 있는 힘을 다해 청년의 목을 비틀었습니다.
　"아아!!! 이 목 좀 놓으세요."
　기절에서 깨어 난 청년이 소리 쳤습니다.

4.5 경상도 할머니의 오해

버스 정류장에서 오래 동안 기다리던 버스가 오고 있었습니다.
할머니는 반가워서 소리쳤습니다.
"왔데이"
옆에 있던 미국 청년은 'What day?' (무슨 요일)라고 묻는 줄 알고
"Monday"
할머니는 '뭐냐' 고 묻는 줄 알고 대답했습니다.
"버스데이"
미국 청년은 'Birthday(생일)' 이라고 이해하고 축하해 드렸습니다.
"Happy Birthday"
할머니는 '해피버스' 라고 말하는 줄 알고 가르쳐 주었습니다.
"아니데이! 직행버스데이"

4.6 무력보다 강한 것

면접관이 한 경찰 지망생에게 물었습니다.
"합격하게 되면 시위 진압대에 배치 될텐데 … 데모 군중을 해산시킬 좋은 방법이라도 있나?"
지망생은 자신 있게 말했습니다.
"네, 자선 모금함을 들고 다니면 간단합니다. 그럼 슬슬 피하다가 흩어집니다."

4.7 당연하지

미국에 트럼펫과 권총을 파는 가게가 있었습니다.
조지: "이거 대단한 착상입니다. 트럼펫과 권총을 함께 팔다니요 …."
주인: "그리 대단하지도 않습니다. 누군가가 트럼펫을 사가면 다음날 옆집 사람이 권총을 사가거든요."

4.8 Family란?

Father And Mother, I Love You
Dormitory = Dirty Room
Presbyterian = Best in prayer

4.9 거지

공원 벤치에서 다리를 쭉 뻗고서 쉬고 있는데, 거지 한 사람이 다가오더니
"아가씨, 안녕하오? 같이 차나 한 잔하시겠소?"
하고 말을 거는 것이었습니다.
"아니, 누구 앞에서 그 따위 소리를 하는 거요? 난 당신 같은 사람이나 상대하는 여자가 아니란 말이요."
여자가 쏘아붙였습니다.
그러자 그 거지가 말을 받았습니다.
"그렇다면 왜 남의 침대에 누워 있는 거요?"

4.10 저울

"여보, 오늘은 저 가게에서 물건을 사지 않는 게 좋아"
수돌이가 자기 아내에게 말했습니다.
"갑자기 왜 그래요. 여보?"
"어제 우리 저울을 빌려갔거든."

4.11 개척

선생: 미국의 서부 개척 시대에 사람들이 왜 마차를 타고 미 개척된 곳으로 들어갔을까요?
학생: 철도로 가려면 몇 년을 더 기다려야 하는지 몰랐기 때문이지요.

4.12 건물주

세 들어 살고 있는 사람이 건물주에게 불평을 늘어놓았습니다.
"지붕이 세는 데다 비가 오면 깨진 창문으로 물이 스며들어서 마루바닥이 흥건하게 젖어버리는데 도대체 언제까지 이런 상태로 있어야 합니까?"
"그걸 내가 어떻게 안단 말이오? 내가 기상대요?"

4.13 변호사

바다에서 배가 뒤집혔습니다. 그러자 악어들이 몰려와서 물에 빠진 사람들 중에 의사도 잡아먹고, 사업가도 잡아먹고, 교수도 잡아먹고, 모두 잡아 먹었으나 변호사만은 잡아 먹지 않았습니다.

변호사는 이상하게 생각하고 악어에게 물었습니다.

"너는 다른 사람들은 모두 잡아먹으면서 왜 나만은 안 잡아먹느냐?"

악어는 친근한 미소를 지으며 대답했습니다.

"변호사도 나와 같이 사람을 잡아먹는 것이 본업인데, 내가 어찌 동업자를 잡아먹을 수 있겠소?"

우즈벡 신학교 졸업생들 (장학금 후원)

4.14 비문

한 청년이 공동묘지의 비문을 하나하나 읽어보았습니다.
그 중의 한 비문은 다음과 같이 적혀 있었습니다.
"죽은 것이 아니라 다만 잠들었을 뿐이다."
그 청년은 고개를 갸우뚱거리며 말했습니다.
"착각은 자유!"
어떤 비문에는 다음과 같이 기록되어 있었습니다.
"일어나서 인사 못 드려 죄송합니다."

4.15 세븐 업

일본으로 동료와 같이 출장 간 주영이는 목이 말라 프런트에 전화를 걸어 더듬거리는 영어로 '세븐 업'을 주문하였습니다. 아무리 기다려도 주문한 것은 오지 않아 그냥 잠자리에 들었습니다.
이튿날 아침 프런트에서 전화가 왔다.
"모닝콜입니다. 7시입니다. 일어나세요."

4.16 난감 했을 때

1. 어느 사람이 길을 물어서 열심히 가르쳐 주었는데, 나중에 잘못 알려준 것을 알았을 때
2. 문 닫다가 뒷사람 손 찧었을 때
3. 길에서 자동차 유리에 비춰 보며 머리 만지고 있는데, 안에 사람이 타고 있을 때

4. 친구 집에 가서 큰일 봤는데, 변기가 막혀 버렸을 때
5. 엘리베이터에서 내려 집 문을 열려고 하는데, 엘리베이터에 같이 탔던 사람이 내리며 '거기 우리 집인데요' 할 때
6. 길 가다가 누가 불러서 대답하고 뒤돌아 봤더니, 휴대전화로 통화하고 있을 때

4.17 에어로빅

신정연휴가 지난 후 봉순이는 오랜만에 헬스크럽에 나가기 위해 새로 산 운동복을 입고 거울 앞에 섰더니 전보다 더 날씬해진 것 같아서 기쁜 마음으로 운동하러 갔습니다.
에어로빅 강사가 봉순이에게 다가오더니
"봉순씨, 많이 빠지셨네요?"라고 말했습니다."
봉순이는 웃음을 지으며 말했습니다.
"빠지긴요, 안 빠졌어요."
그러자 강사는 이상하다는 듯 반문했습니다.
"신정연휴 때, 며칠 빠지지 않았어요?"

4.18 자랑

난생 처음 보초를 세워 놓고 잠을 잤다.
… 운동권 학생이 파출소에서

4.19 자존심

　미국에 대해 굉장한 자부심을 가진 한 미국 노동자가 프랑스로 관광여행을 갔습니다. 미국 노동자가 한 오래된 건물을 손가락으로 가리키며 안내원에게 물었습니다.
　"저 건물은 뭐지요?"
　"네, 그것은 유명한 파리 경시청입니다."
　"경시청? 프랑스에서는 저걸 짓는데 몇 년 걸렸죠?"
　"확실하게는 모르지만 한 삼사년 걸리지 않았을까요?"
　미국 노동자는 비웃는 투로 말했습니다.
　"미국에선 저런 거라면 1년이면 될 텐데, 프랑스 건축가는 기술이 없어서 …."
　미국 노동자는 그 옆의 건물을 손으로 가리키며 다시 물었습니다.
　"저건 뭐지요?"
　"그건 국립병원입니다."
　"짓는데 몇 년 걸렸지요?"
　"글쎄요, 한 2년 걸렸을까요?"
　미국 노동자는 또 빈정대었습니다.
　"미국에서는 6개월이면 지을 걸 … ."
　미국 노동자는 프랑스의 역사적인 사원인 노틀담을 가리키며 또 물었습니다.
　"저건 뭐지요?"
　"그거요?"
　프랑스 안내원은 비위가 상해 이렇게 대답했습니다.
　"글쎄, 모르겠네요. 어제 아침까지만 해도 없었으니까요."

4.20 장발

1970년대 국가에서 장발을 단속했던 때의 이야기입니다. 용하게 걸리지 않고 교회에 오는 장발 청년을 장로님들이 보다 못해,
"목사님, 저 녀석을 어떻게 해야 하지 않겠습니까?"
라고 하자 담임목사는,
"내가 그 청년을 만나 볼 테니 잠시만 기다려 주십시오."
하고는 그 청년을 조용히 불러서,
"도대체 국가에서 장발을 단속하고 있는데 교회 청년으로서 꼴불견으로 다니니 말이 되나? 어서 머리를 자르고 단정하게 하는 게 어때?"
라고 하자, 그 청년은 조용히 벽에 걸린 예수님 사진을 가리키며,
"저는 저 분을 철저히 닮기 위해 그럽니다."
그 말에 할 말을 잃은 담임목사! 장로님들에게 그대로 전하고 장로님들도 아무 말 못 했습니다.

2016. 5 다문화가족들과 중앙공원에서

4.21 헌금

천주교 신부님과 기독교 목사님, 유대교 랍비가 헌금에 대해서 이야기를 나누고 있었습니다. 먼저 신부님이 말하기를,
"나는 선을 그어 놓고 돈을 공중으로 날려 선 밖에 떨어지는 것은 하나님께 드리고, 안에 떨어지는 것은 내 것으로 하죠."
라고 하였습니다.
그 다음 개신교 목사님이 말하기를,
"나는 원을 그려놓고 원 안에 떨어지는 것은 하나님의 것이고 밖에 떨어지는 것은 내 것이죠."라고 하자.
유대교 랍비가 이르기를 저는 좀 더 믿음으로 하지요.
"일단 모든 것을 하나님께 드리고 하나님이 되 돌려주는 것만 제 것으로 합니다. 어떻게 하냐고요? 돈을 모두 공중으로 하나님께 던져 드립니다."
"하나님이 가지시고 나머지 땅에 떨어지는 것만 모두 제 주머니에 넣죠."

4.22 장의사

진찰을 하던 의사가 갑자기 고개를 갸우뚱하면서 간호사에게 말했습니다.
"간호사 안 되겠어요. 장의사를 불러줘요."
그 말을 들은 환자는 기겁을 하며 의사에게 물었습니다.
"아니, 선생님! 그렇다면 저는 아주 가망이 없다는 말씀이십니까?"

그러자 의사가 웃으면서 말했습니다.
"아, 아닙니다. 제가 장의사라고 한 것은 성이 장씨인 의사를 말한 겁니다."

4.23 화장

중년의 나이가 된 순이가 오랫동안 만나지 못한 친구와 점심식사를 하기로 약속하고 조금 일찍 식당에 갔습니다. 예약된 자리에 아직 그 친구가 와 있지 않기에 화장실로 갔습니다. 화장실에서 열심히 화장을 고치다가 거울을 보니 친구도 옆에서 열심히 화장을 고치고 있었습니다.
그 친구는 순이를 보더니 이렇게 말했습니다.
"걱정 마, 우리 화장이 끝날 때까지 서로 못 본 척 하는 거야."

4.24 환자

간호대학생인 봉순이가 병원에서 실습을 하고 있을 때 한 번은 80세 고령의 환자에게 주사를 놓아 줄 일 생겼습니다.
봉순이는 어느 쪽 엉덩이에 주사를 맞으시겠냐고 물어 보았습니다. 영감님은 어느 쪽이건 자기가 선택해도 괜찮겠냐고 반문했습니다. 그렇다고 대답하자, 영감님은 빙그레 웃으면서,
"그럼, 아가씨 엉덩이가 좋겠어."

4.25 아프리카에 가보니

아프리카에 가보니 나라 이름들을 우리 세종대왕께서 지으셨더라고요!

케냐: 이곳에는 들개가 많았습니다. 막사 주위에 갈대 울타리를 해 놓았는데 안에서 고기를 구우면 개가 울타리를 뚫고 들어 왔습니다. 그 것을 보시고 대왕님께서 '개냐?'고 하셨는데 이것이 나라 이름이 되어 '케냐'가 되었다고 합니다.

수단: 우리나라 선교사님들이 물이 없어 굶어 죽는 것을 보고 상수도와 우물 공사를 해 주었습니다. 그런데 그것이 목적이 될까 염려하여 그것은 목적이 아니고 '수단'이다 라고 하였는데, 이것이 나라 이름이 되어 '수단'이 되었다나!

4.26 수박과 농약

시골에 사는 농부는 매일 밤마다 동네의 못 된 녀석들이 자신의 농장에 들어와 수박을 따서 먹을 뿐 아니라, 밭까지 엉망으로 만들어 참을 수가 없었습니다.
고민 고민 하다가 겁을 주려고 밭에 푯말을 세웠습니다.
"주의! 수박 중 하나에 농약을 주사 해 놓았음."
그리고 다음 날 농부가 밭에 와서 확인 해 보니 수박을 하나도 건드리지 않았고, 밭도 멀쩡했습니다.

일주일이 지났지만 단 한 개의 수박도 없어지거나 깨어지지 않았습니다. 그런데 자세히 보니 자신의 푯말 아래 작은 글씨로 이렇게 쓰여 있었습니다.

"너도 조심해라! 이젠 농약 주사 놓은 수박이 두 개 있다."

4.27 건망증

1. 어떤 사람이 자기가 "개"라고 생각이 되어 정신과 의사를 찾게 되었습니다.
   의사가 "언제부터 그런 생각이 들었습니까?"라고 묻자
   "강아지 때부터입니다"

2. 어떤 사람은 자기 아내가 '맥주병'이라는 생각을 지울 수가 없어 정신과 병원에 입원하게 되었습니다 여러 가지 시험 결과 완치되었다고 생각되어 퇴원하게 되었습니다. 그런데 가게 앞을 지나가다 '소주병'을 보고 "처제, 왜 여기에 왔서?" 하는 것이었습니다.

3. 어떤 사람은 건망증이 심하여 정신과 의사를 만나 면담을 하게 되었습니다
   환자: "내가 건망증이 너무 심해서 찾아 왔습니다."
   의사: "언제부터 그런 증상이 있었습니까?"
   환자: "무슨 증상 말입니까?"

4.28 열열 축구 팬

축구광인 광수는 한일결승전 표를 겨우 구하여 입장을 하였으나 너무 뒤라 잘 볼 수가 없었습니다. 어디 빈자리 없나하고 두리번거리던 그는 앞에 좋은 빈자리를 발견하고 달려가 옆 신사에게 물어보았습니다.
"혹시 이 자리 비었나요?"
"예"
광수는 신이 나서 앉으며 말했습니다.
"누가 이런 좋은 자리를 두고 안 왔지요?"
고개를 숙이고 있던 신사가 말했습니다.
"우리 마누라요. 우리는 결혼 후 같이 축구를 즐겨 왔지요. 그런데 마누라가 죽고 말았지요."
"친구나 친척 중 한 분과 같이 오시지 그랬어요"
남자는 잠시 뜸을 들인 후 말했습니다.
"다 장례식에 갔습니다. 지금쯤 장례예배도 끝났을 것입니다."

4.29 취객의 쓴 소리

파출소 게시판에 국회의원 입후보자들의 포스터가 붙어 있었습니다.
이를 본 술 취한 사람이 경찰에게 비틀거리며 말했습니다.
"경찰 아저씨, 여기 붙어있는 놈들은 도대체 무슨 나쁜 짓을 한 놈들입니까?"
경찰이 말했습니다.
"여보세요, 이건 현상수배 사진이 아니라 국회의원 선거용 포스터요."
 그러자 술 취한 사람이 말했습니다.
 "아하! 앞으로 나쁜 짓을 골라서 할 놈들이구만!"

4.30 얄미운 이웃

 이웃에 사는 남자는 매번 무엇인가를 빌려 가면 망가 뜨려서 가져 와서는 '미안합니다' 라는 말로 때우는 것이었습니다.
 집 주인은 이번에도 무엇인가 빌리려 올 것을 눈치 채고 아내에게 말했습니다.
 "이번에는 아무것도 빌려가지 못 할 거야!"
 드디어 이웃 남자가 와서 물었습니다
 "혹시, 오늘 아침에 잔디깍기 쓰시나요?"
 "어휴! 미안합니다. 사실은 오늘 하루 종일 써야 할 것 같은데요."
 그러자 이웃 남자가 웃으며 말했습니다.
 "그렇다면 골프채는 쓸 일이 없겠네요. 좀 빌려도 될까요?"

4.31 나만 잘 살면!

 스위스를 여행하던 두 친구가 어느 강변에서 이런 광고를 보았습니다
 "물에 빠진 사람을 구해주면 5,000 달러를 줌"
 두 친구는 의논 끝에 한 친구가 물에 빠지면 다른 친구가 구해주고 상금은 서로 나누어 갖기로 하였습니다. 그런데 물에 빠진 친구

가 허우적대고 기다려도 친구는 구해주지 않았습니다. 구사일생으로 강변으로 나온 친구가 항의하였습니다.
"어째서 약속을 어기고 구해주지 않았느냐"
친구는 말없이 광고 판 밑을 가르켰다. 그곳에는 작은 글씨로
"물에 빠져 죽은 사체를 인양하면 10,000 달러를 사례함"

4.32 자동차 담보 대출

시골에 사는 큰 부자가 서울에 와서 고급 자동차를 담보로 200만원을 대출 받았습니다. 2주 후에 그는 200만 원과 이자 6,000원을 내고 차를 찾아 갔습니다.
은행원이 물었습니다
"큰돈도 아닌데 왜 대출을 받았습니까?"
부자가 대답하기를
"2주간 맡기고 6,000원을 받는 주차장이 여기 밖에 없어서"

4.33 노인과 병원

한 노인이 접수 창구로 오자. 간호원이 물었습니다.
"어디가 안 좋아 오셨나요?"
"내 고추에 문제가 생겨서 왔수."
"이렇게 사람이 많은데서 그렇게 말하면 사람들이 민망해 하지 않나요! 차라리 귀나 다른 곳이 안 좋다고 말하고, 의사 앞에서 자세하게 말하세요."
노인은 알았다고 말하고 밖으로 나가더니 한참 후에 다른 간호

사에게 갔습니다.

"어디가 안 좋아 왔수."

"귀가 안 좋아서요."

"어떻게 안 좋은대요?"

"귀에서 오줌이 안 나와요?!~"

4.34 조문객

한 여행객이 시골에 하나밖에 없는 낡은 여인숙에 들어갔습니다. 그런데 바닥에 바퀴벌레가 있었습니다. 주인이 와서 보더니 죽은 놈인데요. 하고 넋살 좋게 웃으며 나가는 것이었습니다. 달리 선택의 여지가 없는 여행객은 잘 수밖에 없었습니다. 아침에 주인이 오더니

"벌레는 확실히 죽은 놈이지요?"

"그놈은 확실히 죽은놈이 맞습니다. 그래서 많은 조문객이 다녀 갔습니다."

4.35 밑도 빠졌네

사오정이 항아리를 사려고 옹기점에 갔습니다.

항아리가 다 뒤집혀 있는 것을 보고 투덜거렸습니다.

"무슨 항아리들이 모두 주둥이가 없어! 어떤 바보들이 이렇게 만들었지."

항아리들 중 하나를 들어 올려보고

"어라 밑도 빠졌네!?"

2016년 성남시청 다문화가족 축제

4.36 때로는 기발하다

사오정이 자기 차를 한쪽은 빨간색 다른 쪽은 노란색으로 도색하였습니다.
친구가 궁금하여 물었습니다.
"야! 왜 양쪽 색깔이 다르냐?"
그러자 사오정이 의기 양양하게 말하였습니다.
"그래야 사고가 났을 때 목격자들이 서로 딴 소리를 하지 않겠어, 그러면 내가 혐의 없을 것 아니야!"

4.37 띠장따장

완구점에 간 사오정은 비행기를 고르고 나서 장난감 돈으로 값을 계산하려 했습니다.
"아하! 오정아~, 이 돈은 가짜이기 때문에 비행기를 살 수가 없단다."
사오정은 어이없다는 듯
"어차피 이 비행기도 진짜는 아니잖아요?"

4.38 부하의 부탁

한 장교가 물에 빠져 죽을 지경에 이르자, 부하가 물로 뛰어들어 구하여 주었습니다. 장교는 고마워서 부하에게 말했습니다.
"무엇을 원하는가? 무엇이나 말하게 다 들어 주겠네."
한참 망설이다 부하가 말 하였습니다.
"내가 장교님을 구해 주었다는 것을 비밀로 하여 주십시오. 만일 동료들이 이 사실을 안다면 저는 몰매를 맞아 죽을 것입니다."

4.39 똑똑한 아들

아버지가 아들을 데리고 교회에 가서 기도를 드렸습니다. 아버지가 기도 중에 "오! 하나님 아버지"라고 기도하자
아들도 따라서 기도 하면서
"오! 하나님 할아버지"라고 기도하자
아버지가 아들에게 가르쳐 주었습니다. 너도 〈하나님 아버지라

고 하는 거야〉
　아들이 고개를 갸우뚱 하면서 물었습니다.
　"아빠한테도 아버지고 나한테도 아버지야?"
　"그렇지! 우리 아들 똑똑하구나! 이제 알겠지."
　그러자 아들이 마지 못해 하는말
　"그래...형!"

4.40 건강 검진

　한 남자가 병원에서 건강검진을 받고 있었습니다. 의사가 소변을 받아 오라고 하자. 그는 급하게 집으로 가서 큰 병에 소변을 가득 받아 왔습니다.
　의사: "무슨 소변을 이렇게 많이 받아 오셨습니까?"
　남자: "기왕 받아 왔으니, 그대로 해주세요."
　검사결과 아무 이상 없자 그는 집에 전화를 걸었습니다.
　"여보, 우리가족 모두 건강 하단다. 모두 안심하라고."

4.41 껌

　승무원이 승객들에게 껌을 나누어 주면서 비행기가 하강 할 때 도움이 될 것이라고 말했습니다. 그런데 비행기가 무사히 착륙한 후 한 승객은 귓속 껌을 떼어 내는데 어려움을 당했습니다.

4.42 내가 어떻게

지난 추석 시골에 내려온 딸과 아버지가 한 말입니다.
아버지: "취직도 안 되는데 시집이나 가지?"
딸: "대통령도 못 가는 시집을 내가 어떻게 가요?"
어버지: "그럼 대통령을 하던지!"
딸: "아버지가 대통령이 아닌데 내가 어떻게 대통령을 해요!!"

4.43 운동하는 만득이

몸이 좋지 않은 만득이는 헬스크럽에서 열심히 운동을 하고 있었습니다.
그 때 근육질 사내가 다가오더니 비웃으며 말을 걸었습니다.
"너도 운동하냐?"
만득이는 그 말을 듣고 도저히 참을 수가 없어 대꾸하였습니다.
"아뇨, 실내화인데요."

4.44 콜 수상의 여유

콜 수상이 정원을 리모델링하다가 2차 대전 때 것으로 보이는 수류탄 3개를 발견하였습니다. 경찰서로 운반하는 차안에서 부인이 걱정스래 말했습니다.
"만일 차안에서 하나가 터지면 어떻게 하지요?"
그러자 콜 수상이 잠시 생각 하더니 말했습니다.
"걱정하지마! 그럼 2개를 주었다고 신고하면 되지...!!"

4.45 강도

강도가 은행을 털려하였으나 경고음이 울리고 경찰이 출동하여 은행을 포위하였습니다. 강도는 은행원을 인질로 잡고 총을 겨누었습니다. 경찰은 협상을 제안하였습니다.

경찰 "네가 진정으로 원하는게 무엇이냐?"

그러자 강도가 대답 하였습니다

"내게 총 … 알을 달라!"

4.46 국수집에서

종업원: "칼국수 들겠어요?"

손님: "아니요, 내가 이가 좋지 않아서 칼은 빼고 국수만 주세요!"

　　　(국수를 반쯤 먹었는데)

종업원: "공기밥 줄까요?"

손님: "공기는 빼고 밥만 주세요!"

제 5 장
가정과 종교

하나님께서 아담과 하와를 창조하시고 가정을 이루게 하셨습니다. 그리고 생육하고 번성하며 만물을 다스리라고 명령하셨습니다. 우리는 또한 하나님을 경배하고 찬양하라는 목적으로 영혼이 주어졌으며 이에서 여러 가지 종교가 발생하였습니다.

종교에는 두 가지 종류가 있습니다. 자기가 노력하여 하나님 수준에 올라 구원을 얻으려는 종교와 예수 그리스도가 이 땅으로 내려 와서 우리 죄를 대신하여 죽으심으로 말미암아 그 은혜로 죄에서 해방 되어 구원을 얻는 그리스도교가 있습니다. 아담이 타락하여 낙원에서 추방되고, 죄성을 가진 우리 스스로 하나님의 수준에 도달하기는 불가능한 것입니다. 그래서 기독교를 제외한 모든 종교에는 구원의 확신이 없습니다.

역사를 보면 종교가 타락 할 때 가정은 파괴 되고, 퇴폐적인 성 범죄가 발생하였습니다. 윤리와 도덕은 땅에 떨어졌습니다. 지금이 말세 라고 여러 석학들이 말합니다. 성적으로도 타락된 사회를 봅니다. 무엇보다도 하나님과의 관계 회복이 선결 되어야 한다고 저는 생각하며, 또한 하나님을 믿는 하나님의 백성들이 끊임없이 기도하며 노력하여야 된다고 생각합니다.

지금은 4학년이 된 손녀

말씀이 육신이 되어 우리 가운데 거하시매 우리가 그 영광을 보니 아버지의 독생자의 영광이요 은혜와 진리가 충만하더라.(요 1:14)

5.1 교사

여인들이 차 안에서 자식 자랑을 하다가 옆에 있는 여선생에게 말했습니다.
"아이가 몇 명이나 있습니까?"
선생님은 학생 수를 묻는 줄 알고
"서른 두 명입니다."
그 말을 듣고 믿을 수 없다는 듯 웃었습니다.
그렇게 많은 학생을 가르칠 수 있느냐고 비웃는 것이라 생각한 선생님은
"사람을 무시하지 말아요. 그 방면엔 도사라고요 … ."

5.2 막상 막하

어느 날 놀부 집에 스님이 시주를 받으러 왔으나 거절을 당하자.
스님은 눈을 감고 불경을 외기 시작 했습니다.
"가나바라 … 가나바라 … 가나바라 … ."
이 소리를 듣고 놀부
"주나바라 … 주나바라 … 주나바라 … ."

5.3 두통

다섯 살 난 주영이 엄마에게
"엄마, 배가 아파요."
엄마가 말했습니다.

"그건 속이 비어 있기 때문이란다. 뭔가 속에 집어넣으면 한결 편해 질꺼야."

그날 오후 목사님이 심방을 오셔서 하루 종일 두통으로 고생을 했다는 얘기를 했습니다. 이때 주영이 끼어들었습니다.

"그건 머리 속이 텅 비어 있기 때문이에요. 그 속에 뭔가 집어넣어 보세요.

한결 나아질 거예요."

5.4 뒷좌석

어느 교회에 낯선 사람이 방문하여 맨 앞줄에 앉았습니다. 예배가 끝난 후 목사님은 그 사람과 인사를 하며 왜 앞줄에 앉았는지 물었습니다.

"저는 노선버스 운전기사입니다."

그리고 이어서 말했습니다.

"목사님께서는 어떻게 성공적으로 사람들을 뒷좌석으로 보내시는지 배우러 왔습니다."

5.5 개소리

어느 교회 부흥회에 며느리가 시어머니를 모시고 갔습니다. 부흥회 강사는 미국 선교사였는데 한국 말도 잘하지만 개소리 흉내도 잘 내어 많이 웃겼습니다.

집에 돌아오자 회사에서 퇴근한 아들이 어머니에게 물었습니다.

"어머니, 오늘 부흥회 재미있었어요? 강사님이 뭐라고 하시던가요?"
"애, 거 부흥강사 개소리 참 잘하더라."

5.6 불면증 치료제

교인: "난 요즘 잠이 안 와 괴로워 죽겠어."
집사: "무슨 소리를 하시오? 요즘 통 성경을 읽지 않는 모양이군요."
교인: "아니 집사님, 불면증하고 성경하고 무슨 관계가 있다는 거죠."
집사: "거, 몰라도 한참 모르시는군. 나는요, 잠 안 오면 성경을 읽어요. 성경을 읽기 시작하면 5분 내로 잠이 들거든요."

5.7 네 이웃의 것을

기차여행을 하다가 옆 사람과 인사를 하다고 보니 둘 다 크리스천이었습니다. 그런데 점심때가 되자 그 중 하나가 샌드위치를 꺼내 기도를 하고는 먹는 것이었습니다. 옆 사람은 먹어 보라는 말 한마디 없이 먹는 게 화가 나서
"형제여, 나는 요즘 주님의 말씀이 얼마나 중요한지 모르겠더군요.
특히 네 이웃을 네 몸과 같이 사랑하라는 말씀 말입니다."
그러자
"네, 참 좋은 말씀입니다. 그런데 저는 네 이웃의 것을 탐하지 말라는 말씀이 얼마나 귀하고 중요한 말씀인지 모르겠더군요."

5.8 선과 악

대 홍수 때, 세상의 온갖 동물들이 노아의 방주로 몰려들어 구해주기를 애원했습니다. 이때 '선(善)'도 급히 방주로 달려 왔으나, 노아는 '선'이 방주에 오르는 것을 허락하지 않았습니다.

"나는 짝을 이룬 자만을 태운다."고 하면서 냉정하게 '선'을 쫓아내었습니다.

그래서 '선'은 숲으로 돌아가 사방을 헤매다가 마침내 자기의 짝으로 악(惡)을 찾아 노아의 방주로 들어가게 되었는데,

이때부터 '선'이 있는 곳에는 반드시 '악'이 있게 되었다고 합니다.

5.9 예수님과 부처님의 차이

주일학교 선생님이 학생들에게 질문을 하였습니다.
오늘이 부처님이 오신 날인데,
"예수님과 부처님의 가장 큰 차이점은 뭐라고 생각하느냐?"
한참을 곰곰이 생각하던 봉순이가 자신 만만하게 손을 들었습니다.
"그것은 헤어스타일 차이라고 생각합니다!"

5.10 보냈잖아

큰 홍수로 강물이 넘쳐나는 바람에 온 마을이 물바다가 되었습

니다.

한 독실한 신자가 지붕 위로 피신하였습니다. 어떤 사람이 배를 몰고 와서 '어서 타시오'라고 권했습니다. 그러나 신자는
"하나님이 나를 돌봐 주실 겁입니다"라고 말하며 거절하였습니다.

잠시 후 다른 사람이 배를 몰고 와서 "빨리 타라!"고 소리 쳤습니다.
"괜찮습니다. 저에게는 하나님이 계십니다."라고 말했습니다.

그 후 물이 점점 불어 그는 물에 빠져 죽었습니다.
하나님을 만난 그는 따졌습니다
"하나님! 저를 돌보아주신다고 말씀하고선 이게 뭡니까?"
하나님이 안타깝다는 듯 말했습니다.
"배를 두 번이나 보내줬잖아!!!"

5.11 홍해의 기적

성경의 기적을 믿지 않는 선생님이 학생들에게 말을 했습니다.
"성경의 기적은 실제로 있었던 게 아니에요. 예를 들어 우리가 알고 있는 '모세가 백성들에게 홍해 바다를 건너가게 한 것'은 바다의 깊이가 6인치밖에 안 되는 갈대밭을 건너간 것이지 어떤 기적이 있었던 것이 아니거든요."

선생님의 말이 끝나자 뒤에 있던 한 학생이
"기적을 인하여 하나님께 영광을 돌입니다."라고 했습니다.
기분이 상한 선생님은 "무슨 기적이란 말이에요?"라고 묻자.
학생은 다음과 같이 대답했습니다.
"하나님께서 모세와 이스라엘 백성을 따라오던 애굽의 그 큰 군

대를 모두 홍해 바닷물에 빠져 죽게 했는데, 그 깊이가 6인치 밖에 안 된다는 게 하나님의 진짜 기적이 아니겠습니까?"

5.12 주일만 필요하다.

어느 목사가 안개 자욱한 밤 시골 길을 가다가 깊은 마른 구덩이에 빠졌습니다. 큰 소리로 구조를 요청하자 한 농부가 나타났습니다.
누구냐고 묻자 목사가 나는 이웃 교회 목사라고 신분을 밝혔더니, 농부는
"그렇다면 서두를 필요가 없겠군. 당신은 일요일까진 필요가 없지. 오늘은 목요일이니까 말입니다!"

5.13 명분이 있어야

낡은 교회를 개축하기 위해 교인들이 모금을 하던 중 유대인 가게에 들어가 헌금을 요청했습니다. 유대인 주인은 난처했습니다. 왜냐하면 모두가 단골 손님이니 거절 할 수도 없고, 그렇다고 교회 건축비를 내는 것도 유대인 율법에 어긋나기 때문입니다. 고민하던 유대인 말했습니다.
"교회를 개축하려면 먼저 철거를 해야겠지요?"
"그렇고말고요."
"그럼, 그 철거비용으로 헌금하겠습니다."

5.14 그러면 그렇지

건축업을 하는 김 집사는 다 좋은데 도박 때문에 목사님의 속을 태우고 있었습니다. 부흥집회를 마친 다음 날 새벽 김 집사는 안 오던 새벽 기도회에 일찍부터 나와 있었습니다. 목사님은 너무 기뻐 뛰어가서 그의 손을 잡았습니다.
"이번 부흥회에 은혜 많이 받으셨군요."
김 집사님도 만면에 미소를 지으며 흥분된 목소리로 이렇게 말했습니다.
"네, 목사님! 주님께서 지난밤에 특별히 은혜를 내려주셨더군요. 어찌나 끝발이 좋던지 … ."

5.15 피장파장

5부 예배 설교 후 녹초가 되어 집에 돌아온 목사님, 꼼짝을 안하고 있는 사모님께 말했습니다.
"뭐가 그리 피곤하다고 그래? 5번 설교한 사람도 있는데."
사모님은 기가 차다는 듯 말했습니다.
"다섯 번이나 같은 설교를 듣는 사람의 입장을 생각이나 해 보셨수!"

5.16 생명줄 교체

어느 유명한 스님이 50m 절벽 위에 암자를 지어놓고 도를 닦고 있었습니다. 스님을 존경하는 추종자들이 얼굴을 뵈러 찾아 갈 때면 밧줄 끝에 달린 바구니를 타고 올라가야 했습니다.

그런데 이 바구니는 아주 낡은 밧줄로 지탱하고 있었습니다. 그날도 추종자들이 바구니를 타고 절반쯤 올라왔을 때 밧줄이 불안해서 참을 수가 없었습니다. 그래서 안내하고 있는 동자승에게 물어보았습니다.

"이 밧줄은 얼마 만에 교체를 하나요?"

"밧줄이 끊어질 때마다 한답니다. 예!!"

5.17 준비된 사람

시골 길에서 승용차 한 대가 갓길에 서 있었습니다. 알고 보니 목사님이 운전하는 차였는데 기름이 떨어진 것이었습니다. 재영이는 목사님을 인근 주유소까지 데려다주며 물었습니다.

"목사님께서 기름이 떨어져 갓길에 차를 세우시다니 말이 됩니까? 하나님께서 보살펴 주시지 않나요?"

"보살펴 주시죠. 그분이 아마 당신을 내게 보내주신 것 같습니다."라고 목사님이 말했습니다.

5.18 갈림길

어느 날 신부가 임종을 앞둔 환자의 '종부성사'를 봐주고 있었습니다.

"자, 당신은 이제 악마를 저주하고 두려워하지도 않습니다. 그렇지요?"

그러나 환자는 아무런 대답이 없었습니다. 신부는 한 번 더 같은 말을 반복하였습니다. 그래도 환자는 아무 말도 하지 않았습니다.
신부는 어이가 없어 다시 한 번 물었습니다.
"그럼 당신은 악마를 찬양한다는 말이군요 어째서 지요?"
그러자 환자가 하는 말,
"제가 죽어서 천국에 갈지 지옥에 갈지 알 수 없는데, 어떻게 한 쪽 편을 들 수 있겠습니까?"

5.19 하나님은 왜 사람의 눈을 검은 부분과 하얀 부분으로 나눠서 만드셨을까?

검은 부분으로만 세상을 보면 비관적이 될 테고,
흰 부분으로만 보면 너무 낙관적이 될까 봐 그렇게 하셨답니다.

5.20 안전

6, 25 한국 전쟁 전, 빨치산들이 지리산에 준동하던 시절 이야기입니다.
한 성도는 저녁에 문도 잠그지 않고 편히 잠을 자곤 하였습니다.
옆에서 이를 알게 된 이웃이 위험한데 어떻게 그렇게 잘 수 있느냐?고 묻자, 그가 태연히 대답했습니다.
"주님이 안 주무시고 보호하고 계시는데, 나까지 안 잘 필요가 있느냐?"고 반문하였다.

5.21 당신이 그리스도를 잊는다면

If we meet and you forget me,
　you have lost nothing
But if you meet Jesus Christ
　 and forget Him
You have lost everything.

(우리가 만난 후 당신이 나를 잊는다 하여도
　당신은 잃는 것이 거의 없습니다.
그러나 당신이 예수 그리스도를 만난 후
　그분을 잊는다면
　당신은 모든 것을 잃게 됩니다.)

5.22 거짓말

　목사님이 주일 아침 예배 때, 다음과 같은 얘기를 한 후 마쳤습니다.
　"다음 주에는 '거짓말'에 대한 주제로 설교하겠습니다. 주제와 관련이 있는 마가복음 17장을 꼭 읽어 오시기 바랍니다."
　다음 주 목사님은 설교를 시작하기 전 마가복음 17장을 읽어온 사람은 손을 들라고 하였습니다.
　거의 대부분이 손을 들었습니다.
　"오늘 바로 여러분 같은 사람들을 주제로 설교하려 합니다. 마가복음 17장은 없습니다."

5.23 건축 작정헌금

참으로 앞뒤가 맞지 않는 교회입니다.
"주님의 재림이 멀지 않았고 지구의 종말이 가까웠다고 설교하면서, 3년 예정의 건축헌금을 작정하고 서명하라고 하니 어느 것을 믿어야 할지!!!"

5.24 구원

김장로님은 목사님과 차를 마시며 교회 문제며, 종교에 대한 담론을 하던 중
"목사님, 하나님이 인간에게 이왕 '구원'을 주실 바에야 1원을 보태서 10원을 주실 것이지 하필 '구원'만 주셨는지 아십니까?"
"또 무슨 농담을 하시려고 그러십니까?"
그러자 김장로님은 진지한 얼굴로 말했습니다.
"그 일원은 하나님이 십일조로 미리 떼어 놓으셨답니다."

5.25 금광과 믿음

큰 꿈을 가지고 금광을 시작했는데 금은 구경도 못하고 빚을 이기지 못하고 폐광이 되었습니다.
한 청년이 그곳에 와서 폐광을 싼 가격에 인수하여 다시 시작하였는데 얼마 지나지 않아 노다지를 캐게 되었습니다.
신앙도 마찬가지입니다. 택함을 받은 사람은 쉽게 믿어지나 택함을 받지 못한 사람은 진리의 말씀을 눈앞에 갖다 대도 자기의 것

으로 받아드리지 않고 돌아 섭니다. 그러나 실망할 필요는 없습니다. 끝까지 전도하면 언젠가는 믿게 될 것입니다.

5.26 통성기도

여러 사람이 모여 통성으로 기도하는 모임에 참석한 어린 소년이 말했습니다.

"그들이 하나님과 가까이 살고 있다면 그렇게 큰 소리로 기도하진 않을 텐데 … ."

5.27 말에 따라

미국에서 이민목회를 하던 목사님이 부흥강사로 본 교회를 20년 만에 왔습니다. 옛날에 같이 섬기던 권사님이 반갑게 맞이하면서

"목사님, 어쩌면 변하지 않으시고 옛 모습 그대로 예요? 조금도 늙지 않으셨네요." 하며 감탄하는 것이었습니다. 목사님은 기분이 좋았습니다.

그런데 건물을 돌아가다가 어느 집사님을 만났습니다.

그는 놀라는 표정으로

"목사님 미국에서 목회하시기가 고달프신 모양이지요? 어쩌면 이렇게 팍 늙으셨어요?" 하며 혀를 찼습니다.

좋았던 기분이 싹 가시며,

"아니, 교회 모퉁이를 도는 동안 그렇게 팍 늙었단 말인가?"

5.28 대머리의 위력

목사: "여러분, 이 예배당이 환하지요? 다 제 덕분입니다."
성도: "맞습니다. 그런데 우리가 설교 중에 졸더라도 이해하세요. 눈이 부셔서 목사님을 못 보겠어요. 할 수 없이 눈을 감고 설교를 듣다보면 졸다가 잠이 들거든요."

5.29 떡만으로

목사님이 설교 본문으로 마태복음 4장 4절을 읽으며
"사람이 떡으로만 살 것이 아니요 … ."
라고 하자. 노인 신도가
"맞아, 사람이 떡만 먹고는 못 살아, 밥을 먹어야 돼. 참으로 성경은 옳은 말씀만 있단 말이야 … ."
하며 감복하는 것이었습니다.

3.30 마지막

"오늘 부흥강사 설교가 어떠했어요?"
이 집사는 집으로 돌아오는 차 안에서 남편에게 물었습니다.
"글쎄, 솔직히 말해서 나는 우리 목사님이 더 좋아."
"왜요?"
"우리 목사님은 '결론적으로' 하면서 결론을 내리는데, 그 부흥사는 '마지막으로' 하면서도 계속하잖아!"

5.31 목사님 별명

새로 부임한 목사님께 어느 집사님들이 찾아왔습니다.
"목사님께서는 전 교회에 계셨을 때 별명이 무엇이었습니까?"
"성도들은 저를 '목자'라고 불렀습니다만 이 교회에 계시던 목사님의 별명은 무어이었습니까?"
"두목 돼지였지요."
그 말을 듣고 놀란 목사님은 침착하게 말씀하셨습니다.
"목사님의 별명은 그 교회의 수준에 따라 붙여지는 것 같군요!"

5.32 성경 말씀

어느 목사님이 가정 심방을 가서 예배를 인도하면서 에베소서 5:25절을 읽었습니다.
"남편들이여, 아내 사랑하기를 그리스도께서 교회를 사랑하시기 위하여 자신을 주심 같이 하라."고 하자.
아내가 기뻐서 어쩔 줄을 몰라 하며 남편을 향하여
"여보, 들었지요? 성경 말씀은 참으로 옳은 말씀만 하신단 말야."
라고 했습니다. 그러자 목사님이 한 곳을 더 보겠습니다.
에베소서 5:22입니다.
"아내들이여, 자기 남편에게 복종하기를 주께 하듯 하라."라고 하자.
이번에는 남편이 싱글벙글 웃으며,
"여보, 들었지요? 참으로 성경 말씀은 옳은 말씀만 기록 되어 있단 말이야."라고 하며 어깨를 으쓱대는 것입니다."

5.33 딸은 안으로!

자동차 한 대가 신호등 앞에 대기하고 있는데 뒤차가 범퍼를 받는 것이었습니다. 묘한 일은 앞차의 운전자는 목사님이었고, 뒤차의 운전자는 신부님이었습니다. 서로 잘잘못을 말하고 있을 때 카톨릭 신자인 경찰이 나타났습니다. 경찰은 목사님을 한 번 보더니 곧장 신부에게 가서 이렇게 물었습니다.

"신부님, 저 목사님의 차가 얼마나 빠른 속도로 후진했는지 말씀해 주시겠습니까?"

5.34 띠 지배 민족의 사고

어느 목사님이 인도에 가서 힌두교인을 기독교인으로 개종시키려고 달랬습니다.

"예수 그리스도를 믿으면 천당이라는 낙원에 갈 수 있습니다."

힌두교인은 코웃음을 쳤습니다.

"그렇게 좋은 곳이 있다면 영국인들이 벌써 점령했을 거에요!"

5.35 십자가

아들: 아빠! 교회 지붕에는 왜 더하기(+) 표시를 했어요?
아빠: 글쎄? 교회에 안 가 봐서 잘은 모르지만 무엇이든, 보태 달라는 거겠지!

5.36 죄인

부흥회 도중 어떤 남자가 자리에서 벌떡 일어서더니
"여러분, 저는 불쌍하고 비열한 죄인입니다. 그리고 그것을 이전에는 몰랐었습니다."
그러자 가까이에 앉아 있던 한 집사가 말했습니다.
"형제님, 앉으세요. 우리 모두는 오래 전부터 형제님이 그런 사람인 줄 알고 있었습니다."

5.37 설교

한 부흥강사가 설교하려고 강단에 올라가다가 이런 표어를 보았습니다.
"짧은 설교를 하는 설교자에게 복이 있도다. 그는 이 강단에 또 다시 초청 될 것이다."

5.38 습관

어떤 사람이 교회에서 예배를 시작하려고 하자 급히 나갔습니다. 안내원이 "왜 나가느냐?"고 묻자 그는 화장실에 간다고 하는 것입니다. 그래서 설사라도났느냐고 묻자.
"아 … 아니, 설사라니요? 나는 취침 전에는 반드시 화장실에 다녀오는 습관이 있어서 그러는데요."

5.39 아멘의 위력!

　초소 근무 중인 신병이 열심히 근무를 잘 했는데 새벽 4시경에 그만 깜박 졸았습니다. 눈을 떠보니 일직 사령관이 앞에 버티고 서 있는 것이 아닌가.
　말하나마나 영창에 들어갈 것은 뻔한 일. 영리한 병사는 다시 한 번 머리를 푹 숙였다가 하늘을 우러러 보면서 큰 소리로 '아멘' 하여 위기를 모면했습니다.

5.40 무덤 앞에서

　미국인이 직장 동료의 무덤에 꽃을 놓았습니다. 그런데 중국인은 자기 친척 상석에 쌀을 뿌리는 것이었습니다.
　잘난 척 하기 좋아하는 미국인은 미신을 믿는 중국인을 깔보면서 빈정거렸습니다.
　"당신 친척이 언제 나와서 그걸 먹을까요?"
　그러자 중국인 이렇게 말했습니다.
　"당신 친구가 일어나서 꽃향기를 맡을 때쯤."

5.41 재채기

　목사님이 예배도중 재채기를 하기 시작했습니다. 성도들에게 미안한 마음이 든 목사님은 교회 안에 백합 화분이 놓여 있는 것을 보고 얼른 핑계를 대며 자기는 꽃가루 알레르기가 있으니 백합꽃을 치워 달라고 부탁했습니다.
 그 꽃을 치웠더니 그는 아무 문제없이 예배를 계속 할 수 있었습니다.
 예배가 끝나갈 무렵 목사님이 미안하다고 사과하자. 꽃꽂이를 담당하는 성도가 대답했습니다.
 "괜찮습니다. 어차피 조화인 걸요."

5.42 전도

 목사님이 예배 중 배가 운동을 강조하며 1인당 1명 이상 금년에는 전도하라고 말씀하셨다. 어떤 교인이 교회 문 앞에서 인사하는 목사님에게,
 "목사님, 나는 말 주변이 없어서 전도를 할 수가 있어야지요. 아무래도 전도는 목사님들이 하시는 것이 낫겠습니다."
 라고 하자 목사님이 말하는 것이었습니다.
 "여러분, 양이 새끼를 낳아 번식 시키지, 목자가 양 새끼를 낳는 것 보았습니까?"

5.43 찬송가

 목사님이 말씀하였습니다.
 "오늘 부를 찬송가는 〈성스러움 얻기 위해서는 시간이 걸리리〉 입니다.
 그런데 시간이 많이 갔으므로 1절만 부르겠습니다."

5.44 아름다운 천국

천국은 매우 아름답다고 목사님이 설교시간에 말씀하셨습니다.
그러자 교인 하나가 물었습니다.
"목사님, 목사님은 천국에 가보시지도 않고 어떻게 그렇게 좋다는 것을 아세요?"라고 하자. 그 목사님은 이렇게 대답했습니다.
"미국이 그렇게 좋다고 이민 간 사람들 중에 별로 라고 하며 돌아오는 사람이 얼마나 많아요?"
그러나 천국 간 사람들 중에
"천국이 싫어서 돌아온 사람은 아직까지 없어요."

5.45 하필이면

목사님이 금주에 대한 설교를 하고 있었습니다.
"제가 세상의 모든 맥주를 가지고 있다면 모두 강에 버리게 하소서"
그러자 성도들이 아멘으로 화답하였습니다
"아멘"
"제가 세상의 모든 위이스키를 가질 수 있다면 강에 버리게 하소서"
성도들
"할렐루야"
목사님이 자리에 앉자 음악 목사님이 말했습니다.
"강가에 모이게 하소서"를 다같이 부르겠습니다.

5.46 물위를 걸은 이유

관광객에게 가이드가 말했습니다.
"작은 보트로 이 호수를 건너는데 일인당 50$을 받습니다"
관광객이 불평 했습니다
"너무 비싸군요!"
"손님 여긴 역사적으로 유명한 호수라는 점을 아셔야 합니다."
"그건 알지만 그래도 너무 비싸요."
"예수님이 이 호수 물 위를 걸어서 건너 가셨단 말에요!"
"배 삯이 이렇게 비싸니 물 위를 걸을 수밖에!"

5.47 거짓말

거짓말을 잘 하는 아들을 고쳐 주기 위하여 엄마가 아들에게 말했습니다.
"거짓말을 하면 눈 빨갛고 뿔이 달린 사람이 밤에 와서 잡아 간다. 그리고는 불이 활활 타는 골짜기에 가두고 힘든 일을 시킨다. 그래도 거짓말을 할 거야?"
그러자 아들이 대답했습니다.
"엄마는 나보다 더 거짓말을 잘 하네, 뭐!"

5.48 목사님 눈

어느 성도가 다음과 같은 질문을 받았습니다.
"당신 교회의 담임 목사님 눈은 무슨 색입니까?"
"글쎄요. 잘 모르겠는데요. 기도할 때는 목사님이 눈을 감으시고 설교할 때는 제가 눈을 감아서 한 번도 목사님의 눈을 본 적이 없는데요."

2014. 추석에 5형제 자매 고향인 덕유산에서

제 6 장
어린이

손가락 다쳐 붕대감고도 좋아하는 외손녀
(지금 초4)

소피아 딸들 러시아에서

인간은 사회적동물이라 하며 서로 사귀며, 사랑하고 의지하며, 살기를 원합니다. 서로의 대화를 풍성하게 하기위하여 뉴스를 원하며 자극적인 이야기 거리를 더 원하는 듯합니다. 이것이 보편적인 것입니다. 그러나 우리 언론들은 자극적인 뉴스를 수집하는데 전력투구하는 듯합니다. 아침 신문과 방송들을 보면 온 나라가 사고 투성이이며, 여당과 야당은 이대로 가다가는 나라가 어떻게 될 것 같은 극한의 언조로 정쟁을 하고 있습니다. 정부에서 무슨 일을 하던 야당의 논평은 긍정적으로 격려하기 보다는 부정적으로 폄하하는 경우가 많습니다. 국론은 분열되고 효과적인 추진력은 반감 되는 경우가 다반사입니다.

지난 6년 동안 우즈벡에서 살아보니 그곳은 화재, 교통사고, 범죄 등은 기사거리가 되지 않고, 언론에 언급 되는 것을 본 일이 없습니다. 그래서 국민들이 큰 불편을 느끼는 것 같지도 않았습니다. 물론 언론이 통제를 받아서 그렇기도 하지만, 우리 언론인들은 한쪽으로만 열심인 듯합니다.

감정은 좋은 감정이든 나쁜 감정이든 강한 전염성을 가지고 있습니다. 그런데 아침부터 사건 사고로 얼룩진 뉴스를 늘 접하게 되면 이 나라와 사회가 부정적인 영향을 받게 되고, 그것은 그대로 전파 됩니다. 언론인들에게는 알 권리를 충족 시켜 주어야 하는 의무가 있지만, 사회를 올바르게 이끌고 희망을 주며 밝게 선도 할 의무도 있습니다. 어느 것이 우선이냐는 논

란의 여지가 있습니다. 그러나 아무리 생각해도 우리 언론은 부정적인 면에 초점을 맞추는 듯합니다.

특히 우리 사회가 웃음으로 가득하기를 바라는 저의 눈에는 더욱 그렇습니다.

2010 여름 손주들

나의 형제들아 주 안에서 기뻐하라.(빌 3:1)

6.1 하나님이 흙으로 사람을 창조하였습니다.

엄마: "세상이 시작 할 때에 하나님이 흙으로 사람을 창조하였다"고 엄마는 다섯 살 어린 딸에게 설명해 주었습니다.
성아: "그럼, 흑인은 검은 흙으로 만든 거예요?"

6.2 하나님은 어디에나 계신단다.

엄마: "하나님은 어디에나 계셔. 우리 집에도, 아빠 회사에도, 할머니 집에도 계셔."라고 다섯 살 아들에게 설명하였습니다.
재영: "그럼, 하나님이 껑충껑충 뛰어 다녀요?"

6.3 이소룡의 죽음

70년도 말레시아에 아이들과 같이 있을 때 일입니다.
극장에 가서 이 소룡의 영화를 아이들과 함께 관람하였습니다.
얼마 있다가 극장이 화재로 소실되었고, 거의 동시에 이 소룡이 죽었다는 소식이 현지 신문에 톱기사로 나왔습니다.
이 소룡이 죽었다는 소리를 어른들로부터 들은 아들이 친구들에게 말했습니다.
"극장에 불이 나서 이 소룡이가 죽었데!"

6.4 천당 가고 싶은 사람

"천당 가고 싶은 학생은 손들어 봐요!"
주일 학교 선생님이 말하자 다 손을 드는데 병수만 손을 들지 않았습니다.
"병수야, 넌 천당 가기 싫니?"
"우리 엄마가 교회 끝나면 어디 가지 말고 곧바로 집으로 오라고 하셨어요."

6.5 개구쟁이

유치원에 다니는 철수는 개구쟁이라서 선생님도 엄마도 지쳐 있었습니다.
"정말 골치 아픈 애야, 철수야 너는 도대체 누구 자식이기에 그 모양이냐?"
라며, 엄마가 한숨을 쉬자.
시무룩해져서 하는 말,
"속상해, 내가 누구 자식인지 엄마도 모르다니"

6.6 시장가는 길

"복동아, 너희 아버지 어디 가셨니?"
"시장에요."
"시장까지 얼마나 머니?"

"가는 길은 10리구요. 오는 길은 15리에요."
"그게 무슨 말이니?"
"가실 때는 맨 정신으로 곧바로 가시고, 오실 때는 술에 취해 갈지 자 걸음으로 오시거든요."

6.7 최초의 옷

한 꼬마가 성경을 열심히 읽고 있던 중, 성경 중간쯤에서 바싹 말려진 나뭇잎 한 잎을 발견하게 되었습니다. 꼬마는 나뭇잎을 들고 엄마에게 달려갔습니다.
"엄마, 내가 신기한 것을 찾았어요."
"뭔데?" 하고 엄마가 물었습니다.
꼬마는 흥분한 모습으로 나뭇잎을 엄마에게 보여주며 대답했습니다.
"아담이 입었던 옷이에요!"

6.8 가정교육

아버지가 아들을 데리고 교회에서 돌아오는 길에 잠시 슈퍼에 들렀습니다.
아들은 초콜릿 하나를 주인 몰래 주머니에 넣으려 했습니다.
이를 본 아버지는 아들을 꾸짖었습니다.
"애야, 무슨 짓을 하는 거냐? 그 초콜릿 당장 제자리에 갖다 놓지 못하겠니?"
그러자 아들은 아버지를 쳐다보며 말했습니다.

"알았으니까, 큰소리로 떠들지 말아요! 우리 집 가정교육이 나쁘다는 것이 사람들에게 알려지면 좋겠어요?"

6.9 하나님의 집

교회 주일 학교에서 교사가 학생들에게 물었습니다.
"하나님의 집은 어디에 있지?"
당연히 '하늘나라' 라고 하는 대답을 기대하고서 말입니다.
그런데 주영이가 대답했습니다.
"우리 집 화장실 입니다."
"그건 왜 그렇지요."라고 놀란 교사가 말했습니다.
"우리 아빠는 매일 아침 화장실 문을 주먹으로 쾅쾅 두드린 다음 이렇게 말한단 말입니다.
'오오, 하나님 맙소사!' 아직도 거기에 있어요?"

6.10 멍청이

한 소년이 길에서 구걸하고 있었습니다.
지나가는 사람들이 손에 백원짜리와 오백원짜리를 놓으며 하나만 가지라고 하면 언제나 백원짜리 동전을 가지곤 했습니다. 그럴 때마다 지켜보던 사람들은 한바탕 웃어댔습니다. 동정심이 많아 보이는 한 할머니가 귓속말로
"애야, 니가 가진 동전이 모양은 다르지만 백원짜리야, 저 동전은 오백원 짜리로서 더 가치가 큰 거야."
라고 하자

"할머니 나도 그것을 알아요. 그러나 내가 오백원짜리를 잡으면 아무도 웃는 사람이 없을 거 아니요. 그러면 나의 벌이도 그것으로 끝나요."

6.11 당돌한 어린이

초등학교 2학년이 되어 새로운 반으로 편성된 주영이는 1학년 때 자기를 사랑 해 주시던 선생님이 보이지 않자. 교장 선생님을 찾아가 1학년 때 우리 선생님 어디 계시냐고 물었습니다.
"아, 이 선생님은 전근 가셔서 다른 학교에 계셔."
그러자 주영이 심각한 얼굴로
"나도 그 학교로 가면 안 되나요?"

6.12 동상이몽

일곱 살 난 철이는 토요일 오전 내내 장난을 치며 소란을 피웠습니다.
화가 난 엄마는 버릇을 고쳐 줘야겠다는 생각에서 말했습니다.
"네 방에 들어가서 오늘 네가 어떤 못된 짓을 했나 생각해보고 회개기도를 드려!"하고 야단을 쳤습니다.
잠시 후에 철이가 일하고 있는 엄마에게 와서 말했습니다.
"엄마, 나 생각해보고 기도도 드렸어요!"
"그랬니? 그러면 이제 착하게 굴겠구나."
하니까 철이가 으슥하며 하는 말
"오해하지 마세요. 하나님께 내가 얌전히 굴도록 해달라고 기도

한 게 아니라."
"엄마가 좀 더 참을성 있게 해달라고 빌었으니까요!!"

6.13 엄마가 싫어하는 사람

4살배기 철수가 엄마와 같이 교회 예배를 마치고 지하철을 탔습니다.
지하철 안에는 꼬마들이 떠들고 장난을 쳐 시끄러웠습니다. 엄마는 철수에게 공중도덕을 가르칠 생각으로 철수에게 물었습니다.
"철수야, 엄마가 어떤 사람을 제일 싫어한다고 했지?"
잠시 생각하던 철수는 자신 있게 말했습니다.
"아빠!"

6.14 다른 지구본

히틀러 시절 독일에서 있었던 일입니다. 유대인에 대한 박해가 점점 심해지자, 30대인 한스 부부는 살던 아파트와 얼마 안 되는 재산을 처분하고 이민을 가려고 하였습니다.
그런데 영국, 프랑스, 캐나다 등 모든 나라가 문을 굳게 걸어 잠그고 열어주지 않았습니다. 여러 여행사를 찾아다니며 지친 끝에 마지막으로 그의 여덟 살짜리 아들을 데리고 한 여행사를 찾았습니다.
부부의 설명을 들은 여행사 사장은 지구본을 꺼내 손가락으로 가리키며 설명하였습니다.
"사정이 딱하군요. 하지만 파라과이나 에콰도르도 유대인을 받아드리지 않습니다. 가이아나도 … 아프리카도 안 되고 … , 이곳도 … "

부부는 완전히 지쳐 있었습니다. 그 때 아들이 천진난만하게 물었습니다.

"아저씨! 이것 말고 다른 지구본은 없나요?"

6.15 나를 못 알아보다니!

주말 부부인 봉수는 집으로 전화를 걸었더니 유치원생 딸 예린이가 받았습니다. 자기 딸이 자기 목소리를 잘 알 거라는 생각에 아빠라는 말을 않고 먼저 물었습니다.
"얘, 너 누구니?"
"네, 저는 예린인데요."
생각만 해도 귀여운 딸의 대답이었습니다.
"흠, 그렇구나. 몇 살이니?"
"다섯 살이요!"
"착한 예린, 너 오늘 엄마 말씀 잘 들었니?"
"네!"
"좋아! 그럼 엄마한테 물어보면 알겠구나. 엄마 바꿔 주렴."
그러자 수화기를 통하여 아내가 딸에게 묻는 소리가 희미하게 들렸습니다.
"예린아, 누구한테서 온 전화니?"
잠시 머뭇거리더니 예린이는 이렇게 대답하는 것이었습니다.
"잘 모르지만 경찰인 거 같아."

6.16 가사 분담

소년부 주일학교 선생님은 부모님을 도와 가사분담을 하라고 설명한 후, 그 사례를 발표할 학생 나오라고 하였습니다. 봉수와 봉순이가 손을 들고 나와서 봉순이가 찬송을 시작했습니다
"예수 사랑하심은 거룩하신 말일세."
봉수가 뒤를 이었습니다.
"우리들은 약하나 예수 권세 많도다"
화가 난 선생님이 물었습니다.
"너희들 지금 무엇하고 있느냐?"
"가사 분담하고 있는데요!!"

6.17 해석은 내 마음대로

초등학교 일학년인 딸아이가 자랑스럽게 말했습니다.
"엄마, 우리 반에서 내가 머리가 제일 좋아요!"
"어머나 그래? 무슨 일이 있었는데?"
"한 사람씩 나와서 칠판에 그림을 그려요, 그러면 다른 학생들이 맞추는 거였어요".
"그런데 내 그림은 아무도 못 맞췄어요."

6.18 그것이 궁금하다

모르는 사람을 주의하라고 엄마가 아이에게 가르쳐주고 있었습니다.

"모르는 사람을 따라가면 절대 안돼! 돈이나 과자 등 먹을 것을 준다 해도 말이야."
아이는 고개를 갸우뚱거리며 물었습니다.
"엄마, 그런데 모르는 사람은 얼굴이 어떻게 생겼어요?"

6.19 도움

여섯 살 가량의 작은 소녀가 교통정리를 하고 있는 경찰관의 제복을 아래위로 훑어보더니 '아저씨, 경찰관이세요?' 하고 물었습니다.
'그래' 하고 경찰관은 대답을 하고는 계속 교통정리를 했습니다.
"우리 엄마가 그러는데 도움이 필요할 땐 경찰 아저씨한테 얘기하면 된다는데 그게 정말인가요?"
"물론이지."
"저, 그러면요."
꼬마는 경찰 앞으로 발을 내밀면서 말하는 것이었습니다.
"신발 끈 좀 묶어 주실래요?"

6.20 계단

세살 된 갑순이가 계단에서 굴러 떨어졌으나 많이 다친 곳은 없었습니다. 그러나 사실대로 말하면 엄마가 매우 놀랄까 봐 갑돌이는 동생의 얘기를 대수롭지 않다는 듯 말했습니다.
"엄마, 갑순이가 계단에서 발을 쓰지 않고 내려 왔어요."

6.21 나이도 장소 따라

친척들이 모인 장소에서 봉수는 한 동안 만나지 못했던 조카에게 물었습니다.
"재영아, 너 몇 살이지?"
조카는 봉수를 쳐다보며 대답했습니다.
"정확히 언제 나이 말이세요? 버스 탈 때요? 극장 갈 때 말이에요? 아니면 보통 때 말이에요?"

6.22 도서관

도서관에서 어떤 소년이 시끄럽게 떠들어서 사서가 꾸짖으며
"얘야, 조용히 좀 해! 저분들이 글을 읽지 못하겠데"
라고 했더니 소년이 대꾸하기를
"글을 못 읽어요. 글도 못 읽는 사람이 도서관에 뭐 하러 왔데요?"

6.23 세계지도

세계지도 그리기 숙제를 안 해온 학생에게 왜 숙제를 안 해왔느냐고 물었습니다. 그러자 그 학생이 대답했습니다.
"제가 세계지도를 그리면 지구의 모습이 달라질 것 같아서요."

6.24 용돈

초등학교 들어 간 재영이의 집에 와서 손자의 재롱을 보며 즐겁게 지나던 할아버지가 손자에게 내일 떠날텐데 〈떠나면 서운하지?〉라고 물었습니다.

재영: "아니오. 기뻐요!"
할아버지: "기뻐? 어째서!"
재영: "할아버지가 가실 때마다 용돈을 주셨잖아요. 이번에도 용돈을 주실 테니까요!"

6.25 산책

어느 날 정오 하늘이 시커먼 구름으로 덮여 있는 것으로 보아 비가 내릴 것 같았습니다. 늘 하던 산책을 그만두기도 싫고 그렇다고 우비도 없으니 멀리 갈 수는 없었으므로 나는 우리 사무실이 있는 빌딩 주위를 돌기로 했습니다.
　내가 네 번째로 학교 운동장 앞을 지나가자 한 어린 학생이 걱정스런 얼굴로 말했습니다.
　"아주머니, 길을 잃어버리셨나요?"

6.26 어린이의 기도

병중인 할아버지의 방문 기도를 듣고 있던 주영이는 심각한 얼굴로 다음과 같은 기도를 드렸습니다.
　"하나님! 건강에 유의하세요. 만약 하나님께서 편찮으시면 세상이 어떻게 되겠어요?"

2010. 지금은 초 4학년이 된 외손녀와 손녀

6.27 신생아

 병수는 아내가 두 번째 아기를 낳으려고 입원해 있는 병원에 이제 네 살 난 딸애를 데리고 갔습니다. 입원실로 가는 도중에 보니 신생아실이 있는데 침대가 모두 비어 있고 한 침대에만 아기가 누워 있었습니다.
 딸애는 입원해 있는 엄마에게 달려가서 큰 소리로 말했습니다.
 "엄마, 빨리해요. 다른 엄마들이 아기를 다 가져가고 하나밖에 안 남았어!"

6.28 남아

 임신한 엄마가 아기를 낳기 오래 전부터 다섯 살 난 딸은 남자아이를 낳아 달라고 조르곤 하였습니다. 엄마가 아들을 낳자 아빠는

딸을 데리고 아기를 보러 갔습니다.
"자, 네가 원하던 남동생이다."
그런데 딸은 갑자기 울음을 터뜨렸습니다. 아빠가 왜 그러냐고 묻자,
"네가 원한 건 오빠였단 말이에요."

6.29 미술 시간

처음으로 유치원 선생이 된 영수는 아이들에게
'가장 좋아 하는 것'을 그리라고 했습니다.
꽃을 그리는 아이, 나비를 그리는 아이, 로봇을 그리는 아이 등등. 너무나도 귀엽고 사랑스런 모습에 선생님은 기분이 좋았습니다. 그런데 한 아이가 온통 까맣게 칠하고 있는 것이 아닌가. 소스라치게 놀란 선생님이 조심스럽게 물었습니다.
"지금 무엇을 그리고 있니?"
아이가 대답했습니다.
"김 그리고 있는데요!"

6.30 아빠 얼굴

유치원에서 선생님이 도화지에 가족들의 얼굴을 그리라고 했습니다. 모두들 열심히 그리는데, 한 어린이의 그림을 보니 한 가운데 크게 엄마의 얼굴을 그리고 그 밑에 언니, 오빠얼굴과 끝에 자기 동생의 얼굴을 자그맣게 그렸습니다.
그런데 아빠의 얼굴이 없자 선생님은 동정하는 낯빛을 지으며

"애, 정수야. 너는 아빠가 안 계시는구나. 참 안됐다."
라고 하시자
"아빠가 안 계시다니요? 계세요."
"그러면 아빠의 얼굴은 왜 안 그렸어?"
그러자 정수는 도화지 뒷면을 보여드리는 것이었습니다. 거기에는 큼직한 얼굴이 그려 있었습니다.
"정수야, 도화지가 너무 작아서 아빠의 얼굴은 뒤에 그렸구나?"
"아뇨, 우리 아빠는 볼 수가 없는 분이에요. 이른 새벽에 나가시죠. 밤에는 우리가 잠든 후에 오시거든요. 못 보는 아빠니까 뒤에 그린 거에요."

6.31 야구 중계

봉수가 동생들과 같이 자동차를 타고 가면서 라디오를 키니 야구중계를 하고 있었습니다. 그런데 동생들이 너무 떠들어 들리지 않기에 알밤을 한 대씩 먹였습니다. 그랬더니 때마침 라디오에서 중계하길,
"그것 참 잘 때렸군요."

6.32 잉크 값

소년: 아빠, 잉크가 그렇게 귀하고 비싼 거에요?
아빠: 아니, 왜?
소년: 내가 카페트에 잉크 좀 쏟았다고 엄마가 마구 화를 내잖아! "그까짓 잉크 좀 쏟았다고 말에요!"

6.33 채권자와 채무자

"채권자와 채무자가 다른 점이 무엇인지 아는 학생?"
경제학 교수가 학생들에게 물었습니다.
"전자는 후자보다 기억력이 좋습니다."
한 학생이 대답했습니다.

6.34 현금 자동 인출기

봉순은 9살 난 철수를 데리고 쇼핑을 하러 갔다가 길거리에 있는 자동 현금 인출기에서 카드로 돈을 찾게 되었습니다. 혹시 강도라도 나타날까 걱정이 되어 아들에게 기계에서 돈을 꺼낼 때 보는 사람이 없는지 망을 보라고 하였습니다. 기계에서 빳빳한 지폐가 쏟아져 나오는 것을 보고 눈이 휘둥글해진 아들이 말했습니다.
"엄마, 한 번 더 해. 아무도 보는 사람이 없어요."

6.35 가슴 사진

CIS 국가에서 일할 때의 일이다 기침을 심하게 하며 가슴이 아프다는 아들을 데리고 병원에 가서 X-선 검사를 하였습니다. 이튿날 결과를 보기위해 병원을 가야하는데 간호원인 그녀는 아들만 병원에 보내고 결과에 신경을 쓰고 있는데 아들에게서 전화가 왔습니다.
"엄마! 필름에 구멍이 났데요!"
가슴이 철렁한 그녀는 한참 만에 다시 물었습니다.

"정말 … 가슴에 구멍이 났데?"
"아니 내 가슴이 아니고, 필름 질이 안 좋아 구멍 난 것으로 찍었데요!"

6.36 산에 불이 났다

세 살 난 손자와 할아버지가 길을 가다가 산에 불이 난 것을 보고 손자가 말했습니다.
"산타 할아버지!"

2010 손자들

상담세미나에 참석한 다문화가족

제 7 장
남편과 아내

딸 부부

2016. 7. 다문화 가족 서해바다체험

문화가 다른 한국의 남편과 러시아 여인, 믿음도 좋고 아내를 배려하는 마음으로 우리 모임에도 바쁜 일정을 미루고 참석하는 그 모습이 주 안에서 이루는 모범적인 가정으로 보였습니다.

우리 말 중에는 곱씹어 보면 정말 이상한 말이 많습니다.
1. 문 닫고 들어오너라.
   문을 닫고 어떻게 들어오란 말인지?
2. 그만 자거라
   아직 잠자리에 들지도 않았는데 그만 자라니요!.
3. 조금만 나가겠습니다.
   나가면 몸 전체가 나갈 것이지, 조금만 어떻게 나간단 말입니까?
4. 실례하겠습니다.
   실례인지 알면 안 해야지요. 알면서 실례하겠다니요?

저녁에는 울음이 깃들지라도 아침에는 기쁨이 오리로다(시 30:5)

7.1 공처가

빨래를 하고 있는 친구를 보고 한마디 했습니다.
"한심하긴! 마누라 앞치마나 빨고 있으니!"
이 말을 들은 그는 화를 버럭 냈습니다.
"말조심하게, 이 사람아 내가 어디 마누라 앞치마나 빨 사람인가?" "이건 내 꺼야, 내꺼!"

7.2 여성들이 본 남자

남편은 … 전매품
소년은 … 미완성품
총각은 … 신제품
노인은 … 폐 품
약혼자는 … 특허품
홀아비는 … 중고품

7.3 머니(mini)가 긴 치마보다 좋은 점

1. 옷감이 덜 든다.
2. 세탁비도 덜 든다.
3. 사람들의 눈을 만족시킨다.

7.4 주례 사례비

노총각이 결혼을 하게 되어 목사님께 주례를 부탁하며 물었습니다.
"저, 주례 사례비는 얼마를 드려야 합니까?"
"신부가 이쁜 만큼 알아서 주면 된다네."
그러자 그는 1만원을 내놓는 것이었습니다. 목사님은 좀 기분이 나빴지만 아무 말도 안 했습니다.
그런데 결혼식 날 보니까 신부가 정말 아니었습니다.
목사님은 주례를 하다말고 신랑의 귀에다 대고 말했습니다.
"거스름돈은 얼마를 주면 되겠나?"

7.5 다이어트

어느 부인이 과체중을 줄이기 위해 다이어트를 하기로 결심하고 아주 날씬한 여인의 그림을 냉장고 붙여 놓았습니다. 그 그림을 볼 때 마다 음식을 삼가 한 결과 한 달만에 5kg을 줄였습니다. 그런데 이상한 것은 그의 남편은 체중이 5kg나 늘었습니다. 알고 보니 남편은 그 날씬한 여인의 몸매에 매료되어 내장고 문을 자주 열었고, 그 때 마다 음식을 먹다 보니 그만 그렇게 되었습니다.

7.6 하와를 갈비뼈로 만든 이유

만약, 하와를 만들 때
다리뼈를 사용하면 아담을 밟으려 하기 때문에 안 되고,

팔뼈를 사용했다면 삿대질만 너무 하기 때문에 안 되고,
머리뼈를 사용했다면 남편의 사감 선생 노릇을 하려하기 때문에
  안 되고,
턱뼈를 사용하면 말을 너무 많이 하기 때문에 안 되고,
어깨뼈를 사용하면 으쓱대며 거드럭거리기 때문에 안 되고 …
갈비뼈는 두 생명의 동등한 화합을 위하여 참으로 적절하였습니다.
왜냐하면 나란히 있으니 평등과 협조의 원칙을 알게 되고,
심장에 제일 가까우니 사랑의 고동소리를 듣게 되며,
팔 밑에 보호되어 있으니 이것은 바로 하와에 대한 아담의
책임을 이미 못 박고 있는 중요한 증표였던 것입니다.

7.7 책임

아내가 남편에게 부탁했습니다.
"여보, 닭 한 마리를 사다 잡아주세요. 내일은 우리의 은혼식이니까 음식을 장만해야죠?"
그러자 남편이 시무룩하게 말했습니다.
"우리들 사이에 일어난 25년 전의 일에 대해, 닭에게 무슨 책임이라도 있다는 거야?"

7.8 아내는 못 말려

어느 부부가 한 작품의 저자가 누구냐를 놓고 논쟁을 하고 있었습니다.
아내는 확실히 '셰익스피어'의 작품이라고 고집하고, 남편은

'베니컨'의 작품이라고 우겨대며 한 발자국도 양보하지 않았습니다.

아내: "내가 천국에 가면 셰익스피어를 만나 진실을 해명해 보이겠어요."

남편: "하지만 천국에 셰익스피어가 없으면 어떻게 하구?"

그러자 아내는 기다렸다는 듯이 말했습니다.

"그 때는 당신이 물어 보시구려!"

7.9 처음 뵙겠습니다.

날 때부터 앞을 못보고 살아온 부부가 교통사고로 죽은 청년의 눈을 기증 받아 하나씩 나누어 갖기로 하고 수술을 하였는데 수술이 잘 되어 두 사람 다 앞을 보게 되었습니다.

남편이 부인에게 말했습니다.

"처음 뵙겠습니다."

부인이 남편에게 말했습니다.

"말씀만은 항상 듣고 있었습니다."

7.10 당신이 뭘 알아요.

남편이 말만 하면 당신이 무얼 안다고 그러느냐고 구박하던 부인이 있었습니다. 그러던 어느 날 병원으로부터 급한 연락이 왔습니다. 교통사고로 남편이 위독하니 급히 오라고 하였습니다.

부인이 병원에 도착해보니 이미 늦었습니다.

남편은 이미 하얀 천으로 뒤집어 씌워 누워 있었습니다. 막상 남편이 죽고 나니 그렇게 서러울 수가 없었습니다. 부인은 남편이 누워 있는 병상을 붙들고 슬피 울었습니다. 그때 남편이 천을 슬그머니 내리면서 말했습니다.

"여보, 나 아직 안 죽었어!"

부인은 울다 말고 남편에게 버럭 소리를 질렀습니다.

"당신이 뭘 알아요? 의사가 죽었다는데!"

7.11 경청하기

아내가 남편에게 수수께끼를 냈습니다.

"당신이 기차의 기관사라 치자고요. 기차에는 250명이 타고 있어요. 처음 도착한 역에서 20명이 내리고 15명이 탔어요. 그리고 그 다음 역에서는 15명이 내리고 10명이 탔어요. 그러면 기관사의 이름이 뭐게요?"

그러자 남편이 화를 내었습니다.

"역 수를 세는 것도 아니고 승객 수를 묻는 것도 아니고, 내가 기관사 이름을 어떻게 알아요?"

아내가 보란 듯이 말했습니다.

"거봐요. 당신은 내 말을 건성으로 듣는다구요. 내가 처음에 당신이 기관사라고 말했잖아요!"

7.12 가만히 있으면 본전

어떤 아주머니가 슈퍼마켓에 물건을 사러 갔습니다.
젊은 점원이 반갑게 맞이하며 인사를 했습니다.

"어서 오세요. 아주머니, 정말 젊고 멋있어 보여요!"
기분이 좋아진 아주머니가 점원에게 물었습니다.
"어머 그래요? 내가 몇 살이나 돼 보이는데요?"
"30대 초반 같으세요."
"어머나, 그렇게 봐주니 정말 고마워요."
그러자 남자 점원이 말했습니다.
"뭘요, 저희 가게에선 뭐든지 30% 할인해 드리잖아요!"

7.13 얼마나 기다려야하나

봉수는 설계도서 제출일이 임박하여 마감 작업을 하느라 거의 한 달 동안 수염을 깎지 못했습니다.
그런데 아내가 첫아이를 분만하게 되었습니다. 봉수는 텁수룩한 모습으로 분만실 앞 복도를 왔다 갔다 했습니다. 그를 본 다른 남자가 새파랗게 질려서 봉수에게 물었습니다.
"저는 어제부터 기다렸습니다만 댁은 얼마나 기다리신 겁니까?"

7.14 배려

음악회에 처음 가 보는 부부가 지정된 좌석에 앉았습니다.
아내: "아이구! 깜짝이야! 조용히 음악이 흐르다가 왜 갑자기 소리가 커지기도 하는 거지요!"
남편: "이런 바보! 귀가 어두운 사람도 돈을 내고 들어왔을 거 아니야!"

7.15 공처가

지독한 공처가가 경찰서를 찾아갔습니다. 그런데 경찰서에는 전날 밤 공처가의 집에 침입했다가 붙잡힌 도둑이 조사를 받고 있었습니다.

경찰: "도둑을 면회하고 싶다구요?"
공처가: "네, 꼭 만나서 묻고 싶은 게 있습니다."
경찰: "나 원, 자기 집을 턴 도둑을 면회하겠다는 사람은 또 처음 보네! 이미 자백은 다 했어요."
공처가: (머뭇거리다가) 그런 문제가 아니구요. 제가 꼭 묻고 싶은 것은 그 도둑이
"어떻게 그 무서운 우리 마누라 몰래 집에 숨어들어 갈 수 있었나 하는 겁니다. 배우고 싶어서요."

7.16 결혼생활

네팔 사람들은 여자가 모든 일을 합니다.
남자는 왜 일을 하지 않느냐고, 물으니 대답 왈
"남자는 나라 걱정 하느라 일할 여가가 없다."고 합니다.

7.17 50년 부부

부부싸움 없이 어떻게 50년 동안이나 살 수 있었는지 기자가 질문하자.
"간단해요. 우리는 내가 중요 사항을 결정 하는 동안 아내는 작

은 일을 결정하기로 합의 했죠. 아내는 우리가 살집, 아이들 학교 가는 문제, 투자 할 곳 등을 결정했어요."

반면 나는
"지구 온난화 방지 대책, 통일 문제, 인공위성,
인종 차별 해결 방안 등을 연구하고 결정 했죠."

7.18 별거 수당

미국 사람들은 자기의 개성이 담긴 은행 수표를 사용하기를 좋아합니다. 그런데 어떤 켈리포니아의 사람은 자기와 이혼한 여자의 별거 수당을 지불 할 때만 자기가 새로 맞아들인 미모의 부인과 열렬한 키스하는 사진이 들어 있는 수표용지로 지불했습니다.

그랬더니 결코 그의 통장의 잔액이 줄어든 적이 없었습니다.

7.19 부부의 어록

카톨릭의 총 본산인 바티칸의 도서관에는 여러 종류의 진기한 책들이 전시 되어 있습니다. 그 중에는 2권의 책이 나란히 놓여 있습니다. 한 권은 부피가 60센티미터나 되는 큰 책이며, 또 하나의 책은 가로 세로가 3센티미터인 꼬마 책입니다.

가이드는 견학자들에게 이렇게 설명한다고 한다고 합니다

"이쪽 큰 책은 이브가 아담에게 말한 모든 게 기록 되어 있습니다. 그리고 이 작은 책은 아담이 이브에게 말한 모든 것이 들어 있습니다."

이것이 최초의 부부의 대화인 것입니다.

7.20 부부 싸움

신혼부부가 대판 싸웠습니다. 성난 신부가
"친정에 가겠어요!"
그러자 남편이 지갑을 꺼내 돈을 주었습니다.
"자, 당신 기차 삯이야."
신부는 돈을 세어보고 다시 대들었습니다.
"이걸로는 왕복 차표를 살 수 없잖아요!"

7.21 부창부수

영국을 여행 중이던 스코틀랜드 노부부가 어느 식당에 들어갔습니다.
"샌드위치 하나만 주게. 접시 두 개하고."
보이가 잠시 후에 지나가다 보니, 조각 낸 샌드위치를 두 접시에 하나씩 나누어 놓고 있었습니다. 그런데, 남편은 열심히 먹고 있는데, 아내는 얌전히 앉아만 있었습니다.
보이가 의아해하며,
"손님, 그 샌드위치가 마음에 안 드셔서 그러십니까?"
"아니라오."
부인은 입을 오물거리며,
"우리 저 이의 틀니가 일을 마칠 때까지 기다리고 있는 거라우."

7.22 저녁 초대

남편이 퇴근해서 아내에게 약간 미안한 듯이 말했습니다.
"내일 저녁에 말이야, 회사 후배 2명을 집으로 초대했거든…"
이 말을 들은 아내는 약간 짜증을 내며 말했습니다.
"뭐라고? 아니 왜 그런 일을 당신 마음대로 결정하는 거야? 나는 요리도 할 줄 모르고 또 당신에게 억지로 애교 부려야 하는 것도 진절머리가 나는데, 당신 후배들한테 잘 해 줄 리 없잖아?"
그러자 남편이 시큰둥하게 말했습니다.
"응, 그거야 이미 알고 있지…"
남편의 말에 아내는 더욱 화를 내며 말했습니다.
"뭐라고? 다 아는데 그럼 왜 초대한 거야?"
그러자 남편이 말했습니다.
"그 녀석들이 결혼하고 싶다고 바보 같은 소리를 자꾸 하잖아, 그래서…"

7.23 썬텐

신혼 남편: 여보, 이 고기 맛이 왜 이래? 이상한데…!
신혼 아내: 왜요? 제가 고기를 굽다 조금 태웠어요. 그래서 즉시 썬텐오일을 발랐는데…!

7.24 애처가

살림하고 애들 돌보기에 힘들다는 아내에게 봉수가 말했습니다.

"여보, 아기 낳는 사람 따로 하나 더 얻을까?"

7.25 여자의 편지

남편이 편지를 읽어보더니 얼굴색이 창백하게 변했습니다.
부인이 옆에 있다가 의심이 생겨서,
"흥, 여자 편지죠? 나를 속이려 들지 말아요. 그 여자가 누구에요?"
남편 대답,
"맞아요. 여자한테서 온 것은 확실해요. 당신 단골 의상실 여자가 보내온 청구서요."

7.26 연극 초대장

신혼 부부에게 연극표 두 장이 우송되어 왔습니다. 표를 보낸 사람은 고상하게도 자기의 이름을 밝히지 않았습니다. 그 고상한 호의에 감사하며 요즈음 화제에 오른 연극을 감상하러 갔습니다. 그런데 돌아와 보니 결혼 패물들이 모두 없어졌습니다. 그리고 다음과 같은 메모가 눈에 띄었습니다.
"연극 재미있었죠? 관람권 보낸 사람."

7.27 자동차 사고

봉수 내외는 얼마 전에 구입한 새 차를 매우 아꼈습니다. 그런데 봉수가 차를 주차장에 넣으려고 후진하다가 오른쪽 미등을 깨뜨렸습니다. 다행히 손상은 경미했기 때문에 금방 고쳤습니다. 며칠 후에 차를 주차하다가 또 미등을 깬 봉수가 늘 다니던 정비공장에 가기를 꺼려하자 그의 아내가 다정한 목소리로,
"그냥 이번에는 내가 그랬다고 말하세요."라고 말했습니다.
그런데 봉수는 좀 창피한 듯이 말했습니다.
"지난번에도 당신이 깼다고 했는걸."

7.28 천생연분

"저 부부는 천생 연분 이라는데 뭐 별다른 것을 모르겠는데 … "
"자넨 몰라서 그래. 저 남자는 무지무지하게 코를 고는 사람인데 부인은 귀머거리거든. 그러니 누가 뭐라고 해도 둘은 마냥 즐겁단 말야."

7.29 장갑

어떤 남자가 상점에 장갑을 사려고 왔습니다.
점원이 물었습니다.
"어떤 색깔로 드릴까요?"
"아무 거나요."
"사이즈는요?"
"아무 거나요."
"아무거나 당신 마음에 드는 것으로 주세요."
성가시다는 듯 남자가 말했습니다.

"보나마나 아내가 내일 바꾸러 올 거니까요."

7.30 치맛바람

클린턴의 재선을 위해 후원자들의 후원회 파티를 열었습니다.
후원의 밤에 참석하기 위해 힐러리는 특별히 주문한 이브닝드레스를 입고 클린턴 앞에 나타났습니다.
"이 드레스 어때요?"
화려하게 퍼진 드레스를 바라보며 클린턴은 눈살을 찌푸렸습니다.
"당장 벗어요."
"아니, 왜요?"
"가뜩이나 내가 당신 치마폭에 휩싸여 있다고 말들이 많은데, 그걸 입고 후원자들 앞에 나서겠다고? 당장 벗고 바지로 갈아입어요!"

7.31 컴퓨터

인터넷뱅킹을 하던 봉순이는 하도 까다로워 짜증이나 애꿎은 남편에게 투정을 부렸습니다.
"이 빌어먹을 컴퓨터는 왜 입력을 하는 대로 군소리 없이 받아주질 않죠? 왜 입력을 할 때마다 그 정당성과 증거를 대라고 하니, 이놈의 기계가 나를 믿지 못하나?"
남편이 대답했습니다.
"이것 봐, 그건 컴퓨터야. 남편하고는 달라."

7.32 핑계

남편이 퇴근하여 저녁을 먹고 나니 부인이 남편 곁에 와서 과일을 깎으며 애교 있게 말했습니다.
"여보, 1002호 집 여자는 남편이 또 새 옷을 사줬대요."
하고 부인이 푸념을 하자 남편이 담배를 몇 번 빨더니
"그 1002호 남자도 정말 불쌍해."
그러자 부인이 놀라면서
"아니, 왜 그 남자가 불쌍해요?"
남편이 태연하게 담배만 피우니 답답해진 부인, 자꾸 물으니까 할 수 없다는 듯이
"여보, 생각해 보구려. 자기 부인이 자기처럼 예뻐 봐. 어디 옷 따위에 신경 쓸 필요가 있겠는가 말이요."

7.33 허영심

어느 무더운 여름 날 부인과 같이 드라이브를 하던 남편이 너무 더워서 차 창문을 열려고 하자 부인이 다급하게 소리쳤습니다.
"여보, 당신 미쳤어요? 창문을 열면 뒤 따라오는 이웃 사람들이 우리 차에 에어컨이 없다는 것을 알 것 아니에요!"

7.34 혈압 상승

나보다 못생긴 남자가 우리 집 사람보다 더 예쁜 여자와 같이 다니는 것을 보면 혈압이 절로 올라갑니다.

2013. 우즈벡 장애고아원 – 레포스카(빵)을 받고 즐거워하는 모습들

7.35 결혼 비용

혼기가 다 된 아들이 신문을 보고 있는 아버지에게 물었습니다.
아들: "아버지는 결혼 비용으로 얼마나 사용하셨어요?"
한참 생각하던 아버지가 대답하였습니다.
아버지: "그거야 아직 모르지! 지금도 계속 들어가고 있으니까?!"

7.36 남편의 마음

부인과 같이 호수 가를 산책하고 있는데 팔방미인이 나타나자 남편은 시선을 떼지 못하였습니다. 아내가 넌지시 물었습니다.
"저 아가씨와 내가 호수에 빠졌다면 당신은 누구를 먼저 구할 거야?"
"당신은 수영 배웠지 않아?"

7.37 조심 또 조심

서민 아파트에 사는 부인이 남편을 먼저 보내게 되어 관을 계단으로 운구하게 되었는데 부인이 조심 또 조심하라고 신신 당부를 하였습니다.

사람들은 평소 남편을 무척 존경한 것 같다고 칭찬하며 그토록 당부하는 이유를 물었습니다.

"충격으로 잘못 되어 깨어날까 염려가 되어서 … "

라고 대답하였습니다.

7.38 예루살렘에서

성지 순례를 하다가 남편이 심장마비로 갑자기 소천을 하였습니다. 동행들은 화장을 하여 유골을 가져가든지 현지에 매장하는 것이 좋겠다고 권하니 화장하는데 얼마나 기다려야 하느냐고 물었습니다.

최소 3일은 기다려야 한다고 하였더니 시신을 운구하겠다고 고집을 하였습니다.

경비도 많이 드는데 왜 그러느냐고 물었더니

"이곳이 예루살렘 아니요. 혹시 부활 할까 보아 그래요?"

7.39 아내의 사진

자기 사진을 항상 지갑에 넣고 다니는 남편을 보고 아내가 말했습니다.
"당신은 왜 항상 내 사진을 지갑에 넣고 다니세요?"
"아무리 골치 아픈 일이 생기더라도 당신 사진을 보면 씻은 듯이 잊게 되거든."
"당신에게 내가 그렇게 신비하고 강력한 존재이어요?"
"그럼! 당신 사진을 볼 때마다 나 자신에게 이렇게 이야기해."
"이것보다 더 큰 문제가 어디 있단 말인가?"

7.40 주부 9단

서로 옆집에 사는 주부 두 명이 복도에서 마주쳤습니다.
"매일 어디를 그렇게 열심히 다니세요?"
"아! 학원에 다니고 있습니다. 남편이 반찬 투정이 심해서요."
"아! 그래서 요리학원에 다니는군요."
"아니요. 유도 학원에 다녀요."

7.41 열녀

상복차림의 부인이 열심히 무덤에 부채질을 하고 있었습니다. 호기심 많은 여행객이 물었습니다.
"무덤 속에 계신 분이 누구 십니까?"
"제 남편입니다."

"그럼 남편이 화병으로 돌아가셔서 화를 식히려고 부채질을 하고 있습니까?"

"아니에요. 제 남편은 과음으로 물에 빠져 죽었습니다."

"아! 몸에서 물기를 바짝 말려 하늘나라에 보내시려고 부채질을 하고 있군요."

"아니에요. 제가 말리려고 하는 것은 남편의 몸이 아니라, 무덤의 흙이에요. 남편이 죽기 전에 나에게 자기 무덤의 흙이 마르기 전에는 절대 결혼 하지 말라고 부탁하였거든요!!"

7.42 키스 한번에

고급 밍크코트를 입고 있는 옆집 부인을 보고 감탄사를 발하였습니다.

"어머! 굉장히 좋은 모피네요!"

"네, 약간 그런 편이에요."

"그래, 값은 얼마나 하죠?"

"키스 한 번."

그 말에 입을 딱 벌리고 부러워하며 물었습니다.

"어머나, 바깥 양반에게 정말 대단한 키스를 했나보죠?"

"아뇨. 그이가 우리 집 가정부와 키스하는 것을 내가 보았거든요."

7.43 좋은 소식?

근무에 바쁜 남편에게 부인이 전화를 하였습니다.

남편: "여보 나 지금 너무 바빠서 전화 받기 힘들어 … "
부인: "당신한테 좋은 소식과 나쁜 소식이 있어 … "
남편: "그럼 좋은 소식만 말해."
부인: "(자동차)에어벡이 제대로 터졌어!!!"

동생 부부

제 8 장
넌센스 퀴즈

전도를 하다보면 성경을 믿지 못하겠다는 분을 종종 만나게 됩니다.

어떻게 죽은 사람을 살리며, 물 위를 걸으며, 보리떡 5개와 물고기 2마리로 5천명을 먹이고 남을 수 있느냐? 등의 질문입니다.

물론 인간의 기준으로 보면 말도 안 되는 이야기입니다. 그러나 말씀으로 천지를 창조하신 하나님께서 하신다면 어려울 것도 없는 것들입니다. 많은 분들이 하나님을 나의 수준으로 내려놓고 생각합니다. 그러나 나는 그런 하나님이라면 나도 믿지 않겠습니다. 그것은 사람들이 만든 우상일 뿐입니다.

무엇보다도 중요한 것은 하나님을 하나님 수준에서 보아야 합니다. 그렇기 때문에 나의 이성으로 다 이해 할 수가 없고, 믿어야 합니다. 그래서 믿음이라 말합니다. 성경에서 말씀하신 것을 무조건 믿고 그 앞에 무릎 꿇고, 회개 할 때 주를 개인적으로 영접하게 되고 거듭 나게 됩니다. 그러나 이것도 하나님의 주권으로 된다는 것을 알아야 됩니다. 신비한 하나님의 주권입니다.

2010년 우즈벡키스탄 한인 체육대회

의인을 위하여 빛을 뿌리고 마음이
정직한 자를 위하여 기쁨을 뿌리시는 도다(시97:11)

2007 외손녀 손자

월요일 아침입니다.
당신이 최고라는 것을 기억하세요.

다문화가족들은 비교적 많은 자녀를 낳습니다
이들을 믿음의 자녀로 잘 키우는 것이 우리의 사명입니다

8.1 우리나라에서 제일 시끄러운 도는

제주도 왜? … 말이 많으니까.
그러면 살아 있는 말이 제일 많은 곳은? … 교회
하나님의 살아 있는 말(말씀)이 풍성한 곳이니까
그러면 제일 조용한 도는? … 안면도

8.2 넌센스 퀴즈

의사와 고물장수의 같은 점은? … 병든 자여 다 내게로 오라.
3개 국어 하는 기사 … 핸들 이빠이 꺽어(영어, 일어, 한국어)
떠나간 님을 세 글자로 줄이면 … 죽일놈
불경기에도 재수로 한 몫 보는 곳은? … 재수생 학원

8.3 문어의 딸과 다리를 구분하는 방법은?

머리를 칠 때 올라오는 것이 손입니다.

8.4 야! 잘 좀 해

걸레가 도루왕에게 … 야! 잘 훔쳐

8.5 춤 시리즈

가장 황홀한 춤은? … 입맞춤
운전기사가 가장 싫어하는 춤은? … 우선 멈춤
자세가 불안한 춤은? … 엉거주춤
숨어서 추는 춤은? … 탈춤
가장 좋은 춤은? … 안성맞춤

8.6 웃자고 하는 말

들어도 기분 좋은 욕은? … 잘 먹고 잘 살아라
먹고 살기 위해 하는 내기는? … 모내기
아라비아 숫자에서 0과 9를 빼면? … 영구 없다.
차마 눈 뜨고 볼 수 없는 장면은? … 꿈
일 더하기 일은? … 중노동
물가 상승과 관계없이 깎아 주는 곳은? … 이발소
들고 있으면서 떨어 졌다고 하는 것은? … 낙지

8.7 다이빙

지금은 두각을 나타내지 못하지만,
다이빙의 원조는 한국입니다.
역사상 이름을 남긴 선수가 있지 않습니까?
솔로 다이빙 … 심청이

더불 다이빙 … 논개
그룹 다이빙 … 삼천 궁녀

8.8 넌센스 퀴즈

물에서 나왔으면서도 물에 들어가면 죽는 것은? … 소금
아리랑과 쓰리랑의 엄마는? … 아라리
세상에서 흉내를 제일 잘 내는 것은? … 거울
죽마고우란? … 죽치고 마주 앉아서 고스돕 치는 친구
두 갈래로 흐르는 강은? … 두 만강
처녀들이 좋아 하는 반찬은? … 총각 김치
낫 놓고 기억자도 모르는 사람은? … 외국인

8.9 우문현답

1. 아기가 태어나면 의사가 아기 엉덩이를 왜 때리는 걸까요?
   … 생일빵
2. '엉엉 울다가 하하 웃는 사람'을 다섯 자로 줄이면?
   … 아까운 사람
3. 도둑이 도망가다가 세 갈래 길을 만났다.
   어느 길로 도망갔을까?
   … 왼쪽 (도둑은 바른 길로 가지 않음으로)
4. 남자 없이는 못 사는 사람은?
   … 이발소 면도사

8.10 치과의사의 조언

좋은 치아를 유지하기 위해 지켜야 할 세 가지 규칙이 있습니다.
첫째, 식후에 항상 칫솔질을 할 것.
둘째, 일 년에 두 번은 치과의사를 찾아갈 것.
셋째, 남의 일에 쓸데없이 참견하지 말 것!!!

8.11 키 큰 외교관

키가 195cm의 외교관 주영은 태국 방콕 대사관에 배치되었을 때, 태국 사람들이 어찌나 친절하게 대해 주는지 기분이 참 좋았습니다. 특히 각종 파티나 연회에 갔다가 끝날 때쯤 되면 한창 기분이 들뜬 참석자들이 늘 주영이 곁에 모여들곤 해서 태국 사람들이 나를 좋아하는구나 하고 생각했습니다.

그러나 주영이는 자신이 인기가 있는 진짜 이유를 알게 됐을 때 실망이 너무 컸습니다. 많은 부부 동반자들이,

"이따가 파티가 끝나면 저 키 큰 한국인 영사 앞에서 만납시다."
고 약속하는 것입니다.

8.12 요건 몰랐지?

김 여사는 부엌에 페인트칠을 한답시고 온통 엉망진창을 만들어 놓았습니다. 친구가 보고 깜짝 놀라 무슨 칠이 이 모양이냐고 했더니 김 여사가 한다는 소리

"걱정 할 것 없어. 남편에게 페인트칠을 시키자면 이 방법밖에

없단 말이야!
 내가 먼저 시작을 해서 뒤죽박죽을 만들어 놓으면!"
 남편이 나중에 들어와서
"칠은 이렇게 하는 거야 하고 잘 칠하거든!"

8.13 프라이드

 어떤 아가씨가 자기 사무실 앞에 버스정류장이 있는데도 구태여 한 정거장 더 가서 내리는 것이었습니다. 친구가 물었습니다.
 "예, 봉순아. 너는 왜 매번 한 정거장을 더 타고 가서 내리니?"
 "쉿, 너만 알아둬! 우리 사무실은 초라하잖아. 여기에서 내리면 봐라. 저 큰 회사 앞에서 내리니 얼마나 멋있니? 모두 나를 이 회사 직원으로 알거든. 그리고 한 정거장 걸어가는 것 운동도 되고 일석이조가 아니니?"
 "그래, 넌 예나 지금이나 그 프라이드 하나는 알아줘야 돼!"

8.14 하나님의 가호

 독실한 기독교 신자이며 사냥 애호가인 사람이 어느 날 새로 부임한 목사님을 모시고 사냥을 즐겼습니다. 사냥에서 돌아온 그에게 부인이 따뜻한 차를 권하며 물었습니다.
 "새로 오신 목사님은 사냥에 능숙하신가요?"
 그는 생각해 보았습니다. 성직자에 관해 나쁘게 말하는 것은 그의 방침에 어긋나는 것이었습니다.
 "그 분이 능숙한 사수이기는 하지. 그러나 그가 총을 쏠 때마다 하나님께서 새들을 어떻게나 잘 보호하시는지 정말 놀라운 일이었지!"

8.15 남침 못하는 이유

김정은이 남침 못 하는 이유는 남한에 이런 것들이 있기 때문이라고 합니다.
1. 집집이 다 핵 가족이다.
2. 골목마다 대포집이 있다.
3. 밤에는 총알택시가 질주하고 있다.
4. 남자들에겐 폭탄주가 있다.
5. 남한에는 북한보다 더 쎈 좌익이 있다.
6. 미국산 광우병 쇠고기를 먹고도 죽지 않는 5,000만이 있다.

8.16 결석

학교에 가기 죽어라 싫어하는 봉수가 어느 날 아침 묘안을 생각하곤 학교로 전화를 걸었습니다. 굵은 목소리로 아버지처럼 말했습니다.
"아, 오늘 봉수는 아파서 학교에 못 갑니다."
선생님이 물었습니다.
"누구세요?"
당황한 봉수가.
"네, 우리 아버지 입니다."

8.17 산수와 수학의 차이

선생님: "8을 둘로 나누면 얼마가 되지?"
학생: "가로로 말인가요? 세로로 말인가요?"
선생님: "그게 무슨 말이냐?"
학생: "새로로 나누면 3이되고, 가로로 나누면 0이 되지요."

8.18 간디의 재치

1. 간디가 영국 대학에서 공부를 할 때의 이야기입니다
하루는 간디가 식당에서 모 교수님의 옆에 앉으려고 하였습니다. 그때 교수가
"새와 돼지가 같이 식사 하는 경우는 없다네!"
간디,
"교수님, 걱정 마세요. 제가 다른데로 날아 가지요."

2. 화가 난 교수는 시험 때 화풀이를 하려고 하였는데 간디는 만점에 가까운 득점을 얻었습니다. 교수가 간디에게 질문을 하였습니다.
"길을 가다가 2개의 자루를 발견 하였는데 그 속에는 돈과 지혜가 들어 있었네, 자네는 어느 것을 택하겠나?"
간디: "저는 돈을 택하겠습니다."
교수: "나라면 지혜를 택하겠네!"
간디: "뭐, 각자 자신에게 부족한 것을 택하는 것이 아니겠어요?"

3. 당하게 된 교수는 화가 나서 시험지에 Idiot(바보)라 적은 후 그에게 돌려 주었습니다. 채점지를 받은 간디가 교수에게 말했습니다.

"교수님, 제 시험지에는 점수는 없고, 교수님 서명만 있네요."

8.19 수수께끼

- 젯트기가 빠른 이유? … 엉덩이에 불이 붙어서
- 고기를 많이 태웠다를 영어로 하면? … 미스테이크
- 교회를 다니는 사람들은 아프고 돈 없을 때 구약과 신약을 먹는다. 그러면 절에 다니는 사람이 먹는 약은? … 절약
- 남자들은 그 앞에 무릎을 끓는데 여자들은 깔아 뭉게는 것은? … 요강
- 높은 산에 올라가 새끼를 낳는 동물은? … 하이애나
- 전주 비빔밥의 반대 말은? … 이번 주 비빔밥
- 사과를 깎기 전에 톡톡 치는 이유는? … 기절 시킨 후 깎으려고
- 사과를 따기에 가장 좋은 때는? … 주인이 없을 때
- 닭의 부인을 무엇이라 부르는지? … 닭처
- 화장실이 어디냐고 중국말로 하면? … 위따떵싸

8.20 여자를 따라 다니는 쿠웨이트 남자

항상 남자 뒤를 멀치 감치서 따라 다니는 관습이 있는 쿠웨이트를 기자가 이라크의 전쟁 후 방문하고는 깜짝 놀랐습니다. 여자들의 지위가 향상 되어 남자들이 여자 뒤를 따라 다니고 있었습니다.

그 이유를 한 여성에서 물었더니 그녀는 담담히 대답하였습니다
"지뢰"

8.21 수수께끼

동생과 형이 싸우면 가족들은 언제나 동생편만 들었습니다.
이런 현상을 간단히 줄인다면
"형편 없는 가족"

8.22 여름 휴가

방콕 … 다 알다 싶이 방에 콕 박혀 휴가를 보낸다.
사이판 … 건물 사이에 판자 깔고 누워 지낸다.
동남아 … 동네에 남아 있는 아이들과 논다.
하와이 … 하는 수 없이 와이프와 이죽거린다.

8.23 산삼 캐기

인삼은 6년 근이 제일 좋습니다. 6년을 키워 캐는 것이 제일
좋다는 것입니다.
그러면 산삼은 언제 캐는 것이 제일 좋은가요? … 보는 즉시!

8.24 따로 국밥

- 말과 행동이 다른 사람이 먹는 밥
- 여당과 야당이 회식 때 먹는 밥

8.25 장들의 우두머리

장들의 윗사람은? … 고추장
그러면 고추장의 위는? … 초고추장
초고추장의 위는? … 태양고추장

8.26 어버지가 둘이고 한 어머니는?

두부 한 모

8.27 퀴즈 I

Kiss의 품사는? … 접속사
Kiss의 한자는? … 몸
흑인들은 흑색을 무슨 색이라 하는가 … 살색
세 사람만 탈 수 있는 차는? … 인삼차
커피에 빠진 파리가 죽으면서 하는 말? … 쓴맛 단맛 다 봤다.
계급이 제일 높은 균은? … 대장균
안 마셔도 취하는 술은? … 최면술

고춧가루의 두 가지 성분은? … 눈물 콧물

8.28 쥐약

사오정이 근무하는 약방에 가서 쥐약 달라고 하였습니다.
사오정 왈
"쥐가 어디 아픈데요?"

8.29 분쟁 지역(전쟁 중)에 보내면 좋은 우리나라 기업은?

한국전력공사 … 정전이나, 휴전을 아주 쉽게 하니까.

8.30 환경오염이 심해지면

물마시게 약 가져오너라.

8.31 고물상

교사: "너희 부모님은 무슨 일을 하시지?"
학생: "우리 아버지는 병들고 우리 어머니는 철들었어요!"

8.32 오해야 오해!

"여보게 기사양반 손님도 많은데 이제 그만 태우게"라고
할아버지가 말씀하시자. 기사는 출퇴근 시간이니 이해해 달라고
양해를 구했습니다.
그 때 할아버지 왈,
"이 사람아, 자네가 계속 물고 있는 담배 말일세!"

8.33 마약

최불암이 운영하는 약국에 손님이 와서 작은 소리로 말했습니다.
"마약 있으면 주실 수 있어요?"
"저런 말이 많이 아픈가 보죠? 어디가 아픈데요?"
라고 최불암이 물었습니다.

8.34 머디움

최 불암이 다른 연예인들과 같이 고급 식당 갔습니다.
모두가 스테이크를 시켰습니다.
"어떻게 해 드릴까요?"라고 웨이터가 물었습니다.
"나는 미디움으로 해주세요." 일행 중 하나가 말하니까.
최 불암이 망설이며 말했습니다.
"나는 그것 가지고는 모자라, 라지로 해주게"

8.35 본인 확인

사오정 부인이 은행 창구로 가서 여직원에게 말했습니다.
"이 수표 현금으로 바꿔주세요."
은행 직원이 수표를 살펴 보고나서 요청했습니다.
"본인인지 확인 좀 해주시겠어요?"
그러자 부인은 핸드백에서 거울을 꺼내 자신의 얼굴을 비춰보더니 대답했습니다.
"네, 저 맞는데요!"

8.36 건망증

한 노인이 잃어버린 지팡이를 찾아 식당, 가게, 다방 등 아홉 군데를 헤맨 끝에 마침내 열 번째 집에서 지팡이를 찾았습니다.
"이거 고맙습니다."
노인은 이어서 말했습니다.
"요즘 사람들은 양심이 없어요. 정직하지 못해요. 아홉 군데를 갔지만 모두 모른다고 오리발을 내밀잖아요?"

8.37 마누라의 음식

간수가 사형수에게 마지막 소원이 뭐냐고 물었습니다.
사형수: "네 있어요. 마지막으로 우리 마누라 음식을 먹었으면 합니다."
간수: "아, 그러면 편하게 갈 수 있겠어요?"

사형수: "네, 우리 마누라가 해준 음식을 먹고 있으면 늘 죽고 싶은 심정이 됐거든요."

8.38 교통사고

교통사고의 10%는 음주 운전자에 의해 일어난다고 합니다. 이것은 다시 말해서 교통사고의 90%가 술을 마시지 않은 멀쩡한 사람에 의해 일어난다는 것을 의미합니다. 그렇다면
"무엇 때문에 음주 운전을 못하게 하는지 알 수가 없다!!"

8.39 임종

평생 우스운 소리를 많이 한 정만서가 병이 중하여 어찌 할 수 없을 때, 친한 친구 하나가 문병 차 찾아와서 자못 슬픈 표정을 지으며 이렇게 물었습니다.
"여보게, 좀 어떤가?"
"글쎄, 처음 죽는게 돼나서 죽어봐야 알겠네."

8.40 엔진오일

병수가 주유소에서 아르바이트를 하고 있을 때, 한 번은 서비스 차원에서 보닛을 열고 이것저것 검사를 하는데 엔진오일을 보니 거의 바닥이 나 있었습니다. 그래서 자동차 주인에게 이렇게 말했습니다.

"사모님, 오일 점검을 하는 막대에 기름이 전혀 묻어 있지 않은데요."

그러자 부인이 대답했습니다.

"그럼, 거기다 기름 좀 뿌려 주시겠어요? 지금 좀 바쁜 일이 있어서요."

8.41 부정 주차

커다란 쇼핑센터에서 어떤 사람이 직원에게 다가가더니 흰색의 중형 자동차가 주차장 출구를 막고 있으니 방송을 해 달라고 부탁하였습니다. 두 번씩이나 방송을 했는데도 아무런 소식이 없자 직원이 마이크에 대고 낮은 목소리로 이렇게 말했습니다.

"그런데 그 차를 얼마나 우그려 뜨려 놨죠?"

바로 그 순간 한 여자가 빽 소리를 질렀습니다.

"내 차에요."

8.42 잔고 없음

철수: "아버지, 아버지가 예금하라는 저 은행은 너무 너무 형편 없는 은행이에요."

아버지: "저 은행은 제일 크고, 가장 튼튼한 은행이야, 형편없다니 무슨 소리냐?"

철수: "글쎄, 제가 25만원짜리 수표를 한 장 끊었는데, '잔고 없음'이란 도장을 찍어 도로 보냈잖아요?"

"25만원도 없는 은행이 무슨 좋은 은행이에요!"

8.43 참기름과 라면의 싸움

참기름과 라면이 싸웠는데 경찰이 와서 라면을 체포하였습니다.
왜 일까요?
참기름이 "고소"해서
그런데 조금 있다가 참기름도 체포되었습니다 왜 일까요?
경찰서로 가는 동안 라면이 "불어서"

8.44 소금, 간장과 고추장의 싸움

소금, 간장과 고추장이 싸웠는데 고추장이 지고 말았습니다.
왜일까요?
소금과 간장이 "짜서(고)" 싸워서.

우즈벡 장애인들(교회 청소도 하는 헌신된 성도가 됨)

제 9 장
격언, 속담과 상식

러시아 예배 사역의 동역자, 쇼피아가족 고향 바이칼호에서

바벨탑을 보시고 하나님은 모든 민족의 언어를 혼잡하게 하셨습니다. 바벨탑 공사를 준공할 수 없

게 하기 위하여 호칭과 숫자를 혼잡하게 하는 것이 효과적인 방법이 않을까 생각합니다. 실제로 그런 흔적들을 발견 하게 됩니다.

우리 나라말로 셋(3)은 히브리어에서는 셋(6) 된다고 하며 영어 Six(6)은 여기에서 유래 된듯합니다. 우즈벡어로 오빠(Aka)는 언니와 형을 표현하지만 형이란 뜻으로 주로 사용합니다.

호칭이 다르고 숫자만 달라도 일대 혼란이 일어나고 효과적으로 공사를 추진 하기는 어려웠을 것입니다.

우리 언어에는 하나님이란 단어가 있습니다. 일본이나 중국 등 많은 나라 언어에 하나님을 표현할 마땅한 언어가 없습니다. 그리고 기도를 마치면서 하는 "아멘"이란 단어가 우리말에는 있습니다. 아무렴 … "아믄"뜻도 의미도 같습니다. 러시아어에서는 "아민(Amin)"이라 합니다. 시대와 장소에 따라 발음이 조금씩 다를 수 있다는 말입니다. 전문가가 이런 관점에서 연구를 하면 보다 많은 예들이 있을 것 같습니다.

하나님은 우리 말에 하나님(알파)과 아멘(아믄, 오메가)을 주시고 우리 민족을 선택하여 축복하여 주었습니다. 아멘

손녀들

주님 계신 곳에 기쁨이 가득합니다 행복하소서
샬롬

마음의 즐거움은 양약이라도 심령의 근심은
뼈를 마르게 하느니라.(잠 17:22)

9.1 핫도그

봉수가 미국 이민 가서 고달픈 생활을 하고 있을 때 핫도그 가게를 보고 그렇게 반가울 수가 없었습니다. 고추장 바른 개고기라!!
그런데 그는 가까이 가서 보고는 실망하며 말했습니다.
"구역질나, 우리나라에서도 개의 거시기는 안 먹는데!"

9.2 미인박명

성형미인: "미인박명이란 옛말이 있는데 성형수술로 미인이 되었으니 나도 거기에 해당 되는지 모르겠습니다."

9.3 포스터

금주에 대한 포스터를 술주정꾼이 보았습니다.
"술은 사람을 서서히 죽이는 독약이다."
그는 그 글 아래에 이렇게 적었다.
"고로 빨리 죽고 싶지 않은 사람은 술을 마셔라."

9.4 차이

같은 이름 한자인데 한국은 모두 여자이고, 중국은 모두 남자입니다.
한국: 애자(愛子), 덕자, 순자, 영자

중국: 공자(孔子), 맹자, 순자, 손자

9.5 운명시간에

부친이 위독하므로 임종을 지키기 위해 가족들이 부친의 병상 주변에 모였습니다. 운명하시기 전에 유언이라도 하시지 않나 하고 침묵 속에서 12시간 이상을 기다려도 차도는 없고 말씀도 없으시자, 큰형이 막내 동생을 조용히 밖으로 불러 간식을 사오라고 심부름을 보냈습니다. 두 시간이 지나도 동생이 나타나지 않자. 큰형은 참다못해 혼자 말로 아버지 머리맡에서,

"이 놈이 죽었나? 살았나?"라고 말했습니다.

9.6 그 말도 맞소

영국인과 프랑스인 그리고 북한 주민 세 사람이 에덴동산의 아담과 이브에 관한 영화를 보고 있었습니다.

먼저 영국인이

"저들은 분명히 영국인의 원조일거야, 사과가 하나밖에 없는데 이브가 아담에게 먹으라고 주는 걸 보라고."하자

프랑스인이

"아냐, 벌거벗고 과일을 같이 먹고 있는 것을 보니 프랑스인의 원조임이 분명해."

이에 북한 주민이 말했습니다.

"북한인이 틀림없습니다. 옷도 없고 먹을 것도 없으면서 낙원이라고 주장하는 것 보시라구요."

9.7 안방의 용도

밥상을 놓으면 식당,   빈상을 놓으면 책상,
방석을 깔면 응접실,   이불을 깔면 침실,
요강을 놓으면 화장실, 화투장을 깔면 도박장,
책을 펼치면 공부방,   면도기를 들면 세면장.

9.8 북한 말

남북이 분단 된 지 70여년이 되다보니 남북 말이 다른 것이 많아 졌습니다.
 골프 … 공알치기
 말 많거나, 생 노래 … 입 반주
 노크 … 손 기척
 장갑 … 손싸개
 브라자 … 젖싸개

9.9 대통령의 유머

1. 미국 16대 대통령, 에이브러햄 링컨

합동 유세장에서 상대 후보는
"링컨 후보는 두 얼굴을 가진 '이중인격자' 라고, 맹비난을 하였습니다."

그러자, 링컨 후보는 이렇게 대답하였습니다.

"두 얼굴을 가졌으면 얼마나 좋겠습니까? 그러면 이렇게 못 생긴 얼굴을 가지고 여러분 앞에 나오지 않았을 것입니다."

유세장을 한바탕 웃음이 터졌고 형세는 반전하여 결국 링컨이 당선되었습니다.

2. 미국 17대 대통령, 더 엔드류 존슨

3살 때 아버지가 돌아가시고 초등학교도 가지 못하였으나, 열심히 노력하였습니다. 결혼 후에야 글을 배웠다고 합니다. 주지사 상원의원을 거쳐 링컨 대통령을 보좌하는 부통령이 되었습니다. 링컨 대통령이 암살되자, 그는 대통령 후보로 나갑니다.

상대 후보는 이렇게 그를 폄하 하였습니다

"한 나라를 이끌어가는 대통령이 초등학교도 나오지 못하다니 말이 됩니까?"

그러자 존슨은 언제나 침착하게 대답했습니다.

"예수 그리스도가 초등학교를 다녔다는 말을 들어 본 적이 없습니다. 예수님은 초등학교도 못 나왔지만 전 세계를 구원의 길로 지금도 이끌고 계십니다. 이 나라를 이끄는 힘은 학력이 아니라 긍정적 의지요 국민의 적극적지지입니다"

이 한마디에 상황은 역전 되었습니다.

3. 레이건 대통령

1984년 미국 대선에서 먼데일 후보는 경쟁자인 레이건 후보보다 첫 번째 TV토론에서 유리 했습니다. 상대적으로 레이건은 늙고

피곤해 보였기 때문입니다. 그래서 두 번째 TV토론에서 먼데일은 쐐기를 박으려고 나이 문제를 거론 하였습니다.

"대통령의 나이가 좀 많다고 생각하지 않으십니까?"

그러자 레이건은 이렇게 대답 하였습니다.

"저는 이번 선거에서 나이를 이슈로 삼지 않겠습니다. 상대후보가 너무 어리고 경험이 없다는 사실을 정치적으로 이용하지 않겠다는 뜻입니다."

미국 전체가 웃음바다가 되었고 레이건의 지지도는 급상승 하였습니다.

9.10 당원들이 제일 싫어하는 동네는?

··· 분당

9.11 중요 인사만 사는 동네는?

··· 안양 귀인동

9.12 히틀러와 유대인

2차 대전이 막바지에 이를 즈음 이집트 랍비가 히틀러를 찾아와서 조언하며, 유대인 학살을 중단하는 것이 좋겠다고 조언하였습니다.

히틀러는 화를 내며 이 쓰레기 같은 유대인들은 싹 쓸어 내야 한다고 하였습니다.

랍비는 허탈하게 말하였습니다.

"다 쓸데없는 짓이요. 우리도 3,000년 전에 시도하였지만 실패하였다오!"

9.13 부러움

늦게까지 안 들어오는 남편을 기다리는 여자가
정말 부럽습니다.　…　노처녀

9.14 비참

남모르게 길가에서 담배꽁초를 주우려다가 지나가는 사람과 시선이 마주칠 때.

제 10 장
부모와 자식

손녀 예나 돌잔치

손녀들

평생을 주님께 헌신하며, 가난한 사람과 환자들을 위하여 헌신하였던 루비(Ruby, 80세가 넘은 간호사)와 로우라(Lauea, 80세, 의사)는 카메룬으로 선교를 하기 위하여 갔습니다. 얼마 지나지 않아 이들은 차 브레이크 고장으로 사망하게 되었습니다. 이 사건을 비극이라 생각하십니까? 비극이 결코 아닙니다.

반면 다이제스트에 이런 기사가 나왔습니다. 톱(59세)과 제니(51세)부부는 조기 은퇴 하고 푸로리다 해변에서 요트를 즐기며, 조개껍질을 주으며, 노년을 즐겼습니다. 이것이 비극입니다. 아메리칸 드림이 이런 것입니까? 돈을 모아 좋은 집, 좋은 차 사고, 요트에, 별장을 소유하며 노년에 여가를 즐기는 것입니까?

이것이 바로 비극입니다.

> 우리가 주 앞에 섰을 때, 주님 제 요트 보세요. 저희들이 수집한 아름다운 조개껍질 보세요 하겠습니까? 세월을 낭비하지 마세요!!!
>
> — 존 파이퍼 설교 중에서—

**우리에게 우리 날 계수함을 가르치사,
지혜로운 마음 얻게 하소서 (시90:12)**

76세 생일에 온가족들

아들부부와 손녀

공학적으로도, 역학적으로도
잘 설계된 조개 껍질

지혜로운 자와 동행하면 지혜를 얻고 미련 자와 사귀면 해를 받느니라.
(잠 13:20)

10.1 두 사람씩이나

노처녀A: "글쎄, 나만 만나면 결혼 안 할래? 하고 졸라대는 사람이 있어 아주 골치 아파 죽겠어."
노처녀B: "어머, 그거 정말 잘 됐구나. 어서 결혼 하지 그래. 그런데 그 사람이 어떤 사람이냐?"
노처녀A: "응, 우리 엄마 아빠야!"

10.2 울면 저렇게

얼굴이 검고 일그러진 남자가 길을 가는데 어느 집 앞에서 예쁜 여자가 나오더니
"아저씨, 더우신데 잠깐 쉬었다 가세요." 그러는 게 아닌가!
"아니, 저에게 하는 말씀이오?" 하고 물으니, 여자는 태연하게
"아니 그러면 여기 아저씨 말고 또 누가 있습니까?"
이 친구 좋아서
"그렇지만 아무도 없는 집에 들어가서 오해를 받지 않을까요?"
"오해는 무슨 오해에요? 잠깐이면 되는데…"
이 친구 좋아서 어쩔 줄 몰라 하며 그녀를 따라 집 안으로 들어갔는데
"애야, 너 저 아저씨 얼굴 좀 봐라. 맨 날 울고 그러면 얼굴이 저 아저씨처럼 된단다."

10.3 노부부의 이혼

변호사 사무실에 노부부가 찾아와 이혼 소송을 의뢰했습니다. 두 사람의 나이를 물어보니 남편은 92세고, 부인은 90세였습니다.
의아해진 변호사가 물었습니다.
"이렇게 오랫동안 잘 살아 오셨는데 어째서 이혼하려는 것입니까?"
그러자 이구동성으로 대답했습니다.
"그동안 아이들이 상심할까 봐 참아 왔는데, 이제 아이들이 다 죽었거든요."

10.4 부모님 때문에

목사님 아들인 봉수는 좋은 학벌과 괜찮은 외모에도 불구하고 장가를 못 가고 있었습니다. 주일학교 시절 선생님이셨던 장로님이 그 이유를 물어 보았습니다.
"뭐, 특별한 조건이라도 있니?"
그러자 봉수는 말했습니다.
"뭐 그런 건 없는데요. 여자를 데리고 오면 어머님이 '이래서 싫다!' '저래서 안 된다.' 하시잖아요."
무슨 이유일까 곰곰이 생각하시던 장로님이 다시 말했습니다.
"그럼, 어머님하고 똑 같은 여자를 데리고 오지 그래?"
그러자 봉수는 머리를 긁적이며 말했습니다.
"그땐, 아버님께서 극구 반대하셔요!"

10.5 책임감

선생님이 학생들에게 '책임감'을 넣어서 짧은 글을 지어 오라고 숙제를 주었습니다. 충청도 출신인 봉수의 글

> 『나는 집에서 만화책을 보고 있었다. 할머니가 내 방에 들어와 내가 보고 있는 만화책을 가리키면서 '이것도 책인감!' 하고 물으셨습니다.』

10.6 누가 죽였지?

책상에 엎드려 자고 있는 봉수를 깨워 선생님이 질문을 하였습니다.
"김군! 안중근의사는 누가 죽였어?"
"저는 안 죽였는데요."라고 학생이 대답하자.
선생님은 화가 나서 학부모를 모시고 오도록 했습니다.
선생님은 학생 아버지에게 학생의 수업 태도가 좋지 않다고 말하면서
"수업시간에 잠이나 자고 안중근 의사를 누가 죽였느냐고 했더니 자기는 안 죽였다고 쓸데없는 소리나 하고 말입니다."
학생의 아버지가 선생님에게 말했습니다.
"혼자 아이를 키우다 보니 가정교육을 잘못시켜 죄송합니다. 그러나 그 놈이 어려서부터 병원에 가는 것은 싫어했어도,"
"의사를 죽일 놈은 아닙니다."

10.7 사위감

한 사내가 겨우 여자의 마음을 잡고, 그녀의 호랑이 같은 아버지의 최종 허락을 받기 위해 선을 보러 갔습니다. 과연 그녀의 아버지는 매섭게 사위를 보더니, 다짜고짜 묻는 것이었습니다.

"자네 오직 내 딸만을 사랑하겠는가?"

사윗감은 단호하게 말했습니다.

"아니오. 그럴 수 없습니다."

여자의 아버지는 거의 기절할 지경이 되었습니다.

"이런 형편없는 놈 같으니라구! 죽도록 내 딸만 사랑한다고 해도 줄까 말까인데, 꼴에 바람까지 피우겠다?"

"그런 뜻이 아닙니다. 저는 따님뿐만 아니라 장인어른까지도 죽도록 사랑할 것입니다."

"뭐라구? 아이구, 우리 착한 사윗감!"

10.8 괜한 짓

부친으로부터 사건들을 물려받은 젊은 변호사가 하루는 들떠서 집으로 들어 왔습니다.

"아버지! 저도 유명한 변호사가 되었습니다. 오랫동안 끌어왔던 이 사장 사건을 결국 해결했습니다!"

아버지는 경악해서 소리 질렀습니다.

"뭐, 해결했다고?"

"네!"

"이 바보 같은 놈아! 우리 집은 그 사건에서 나오는 돈으로 지난 6년 동안 살아왔는데 … "

10.9 객관식 문제

대학입시에서 장학생으로 뽑힌 아들에게 부모가 말했습니다.
"식사 하러 갈까? 아니면 영화 보러 갈까? 그도 아니면 선물을 사줄까?"라고 물었습니다.
학생은 한동안 당황했습니다. 부모가 왜 그러느냐고 묻자, 학생이 말했습니다.
"문제의 답안이 왜 4개가 아니고 3개뿐이죠? 4지선다형으로 물으셔야죠."

10.10 생일잔치

오늘은 아버지의 생일입니다. 아버지가 닭고기를 좋아하시므로 아들, 딸들이 닭고기를 굽기도 하고 삶기도 하며 찜 같은 것도 만들어 푸짐하게 차려드리며 많이 잡수시라고 했습니다. 아버지는 무척 기뻐하며 이것저것 많이 드시고는 뼈다귀를 연상 밖으로 내던졌습니다. 맛있는 뼈다귀 냄새를 맡은 동네 개들이 여기저기서 모여들어 열심히 뼈다귀를 씹어 먹었습니다. 이것을 본 아들,
"오늘은 개 생일이로구나!"

10.11 개밥

귀여운 강아지를 기르고 있는 아들이 아버지에게 개밥을 만들어

달라고 하자. 아버지가 손님을 눈으로 쳐다보며 작은 소리로 속삭였습니다.

"우리는 식당을 하니까 일부러 개밥을 만들 필요가 없단다. 저기 저 손님이 먹고 남은 찌꺼기를 주면 되니까."

아들은 손님 옆자리에 앉아 손님이 식사를 끝내기만을 기다렸습니다.

이윽고 손님이 자리에서 일어나기는 하였는데, 그릇을 보니까 찌꺼기까지 알뜰하게 먹어치웠습니다. 아들은 울상이 되어 아버지를 보고 말했습니다.

"아버지, 저 손님이 개밥을 다 먹었어."

10.12 애들 있습니까?

우리와 같이 미국도 아이들이 많다면 셋집 얻기가 어렵습니다.
어떤 사람이 집을 구하려 왔습니다.
"혹시 애들이 있습니까?" 주인이 말하자.
집을 얻으러 온 사람은 근엄한 태도로 답했습니다.
"여섯 명이 있는데, 모두 공동묘지에 있습니다."
"그거 안 되었군요. 거기가 여기보다 낫죠."라고 위로하면서
집 계약을 손쉽게 하고 사인이 끝났습니다.
그런데 이사 할 때 보니 여섯 명의 아이들이 우르르 몰려들어 왔습니다. 집 주인은 깜짝 놀라서 말했습니다.
"애들이 모두 공동묘지에 있다고 했잖습니까?"
"네, 공동묘지에 누워 있는 것이 아니라. 공동묘지에서 뛰놀고 있었죠. 거기가 더 좋긴 좋은가 봐요."

10.13 베니스

　이태리 여행을 마치고 돌아 온 경희가 친구에게 말했습니다.
　"이태리는 어디를 가도 멋이 있지만 그 중에 제일 마음에 드는 도시는 베니스라고 우리 아버지가 말씀하셨어."
　"어머나, 베니스! 참 멋져. 그래 너희 아버지께서도 곤도라라든가 삼미르코 또는 미켈란젤로 등이 있어서 베니스가 무척 좋아지셨구나?"
　"그런데 그게 아니야."하고 경희는 말했습니다.
　"그건 다름이 아니라 아버지께서는 마음에 드신 가장 큰 이유가 호텔의 창문에서 낚시질을 할 수 있었기 때문이야."

10.14 부전자전

　아들의 담임선생님으로부터 온 가정통신
　"당신의 아이 성수는 대단히 영리한 아이입디다만 틈만 나면 여자 애들하고만 어울립니다. 저는 이런 편향적인 버릇을 고치려고 애쓰고 있습니다."
　성수 엄마가 선생님에게 보낸 회신
　"꼭 성공시켜 주시기 바랍니다. 그리고 그 방법을 저에게도 가르쳐 주세요. 저는 벌써 몇 년씩이나 남편의 그런 버릇을 어떡해서든 고쳐보려고 애쓰고 있습니다."

10.15 앵무새

주영은 해외여행 중 참으로 신통한 앵무새 한 마리를 보았습니다. 말을 따라할 뿐만 아니라. 노래도 참으로 아름답게 했습니다. 그의 홀어머니가 매우 좋아하리라 생각하고 거금 15,000불에 사서 항공편으로 어머님께 보냈습니다.

여행을 마치고 돌아와 인천공항에 도착하자. 어머니가 마중을 나왔습니다.

"어머니, 그 새 어때요?"

"고맙다. 참으로 맛이 있더라."

10.16 경고문

남편의 직장 동료들을 대접하게 된 순영이는 화장실에다 손님들이 쓸 수건과 비누를 새로 갖다 놓았습니다. 그리고는 아이들이 그것을 먼저 쓸까봐 수건과 비누에다 경고 쪽지를 얹어 놓았습니다.

"너희들, 이걸 쓰면 죽을 줄 알아!"

손님들이 돌아 간 후 화장실에 가보니까 수건과 비누에는 아무도 손을 대지 않았고 경고 쪽지도 그대로 있었습니다.

10.17 속 차림

어려운 살림에도 두 아들을 잘 교육시킨 목사님이 있었습니다.

어느 날 저녁, 목사님의 귀가가 늦어지자 사모님이 애들과 같이 저녁 식사를 먼저 먹게 되었는데 작은 아들은,

"엄마, 나 아빠 오시면, 아빠와 같이 먹을래."라고 합니다.
사모님은 속으로 기특하게 생각했습니다. 어린 것이 철이 들어 가는가 보다 라고 생각했습니다. 저녁 늦게 목사님이 돌아오자 저녁상을 차려드리면서,
"여보, 우리 둘째가 참으로 기특해요. 아빠 오시면 아빠하고 같이 식사하겠다고 아직까지 저녁을 안 먹었어요."
그 말을 들은 목사님은 마음이 기뻐서,
"예, 준영아 아빠하고 같이 저녁 먹으려고 아직까지 안 먹었니? 그래 아빠하고 같이 저녁 먹으면 좋으니?"
"네, 아빠! 엄마는 아빠 상에만 이렇게 맛있는 반찬을 차려 놓으시고 우리 상에는 거의 없거든요."

10.18 증명

봉수는 지갑을 잃고 나서, 운전면허증을 재발급하기위해 세 살 난 아들을 데리고 갔습니다. 담당 여직원은 소정 양식에다 필요한 기재사항을 적어 넣더니 신분증명서를 보여 달라는 것입니다. 증명서 일체가 지갑에 들어 있었는데, 지갑을 잃었기 때문에 하나도 없다고 하자, 그 여직원은 그럼 아무 것이라도 좋으니 선생님 신분을 증명할 만한 것이 꼭 있어야 한다고 했습니다. 난처해진 봉수는 아들에게 몸을 돌리고
"내가 누구지?"라고 물었습니다.
그랬더니 아들은 활짝 웃으면서
"아빠."
"이름은?"
"석 봉수."

그러자 여직원은 "친척이 확인 함."이라고 써넣었습니다.

10.19 인정 없는 놈

아들과 함께 동물원에 간 아버지가 사자 우리 앞에서 사자를 보면서 말했습니다.
"저게 바로 동물 가운데 제일 무서운 놈이란다.
만약 저놈이 우리를 뛰쳐나오면 아빠를 찢어 발길거야."
그러자 아들이
"아빠, 만약 그렇게 된다면 집에 돌아 갈 때 난 몇 번 버스를 타면 되지요?"

10.20 아들의 미래

어느 유명한 의사가 차안에 청진기를 놓아두었는데, 아들이 유치원 가는 도중에 청진기를 가지고 놀기 시작했습니다. 이를 본 의사는 "우리 아들도 내 뒤를 이어 의사가 되려나 보다" 생각하고 흐뭇해했습니다.
그 때 아이가 청진기를 입에 대고 이렇게 말했습니다.
"맥도날도입니다. 손님 무엇을 주문하시겠습니까?"

10.21 노인의 보청기

한 노인이 귀가 안 들리는데도 참고 살다가 보청기를 구입하였습니다. 의사는 귀 안에 쏙 들어가는 신형 보청기를 주며, 한 달 후 다시 찾아오라고 하였습니다.

한 달이 지나서 노인이 의사를 찾아 왔습니다.

"어떠세요?"

"아주 잘 들립니다."

"축하합니다. 가족들도 좋아 하시지요?"

"우리자식들에겐 아직 말 안 했지요. 여기저기 왔다 갔다 하며 그냥 대화 내용을 듣고 있어요. 그리고 유언장을 벌써 4번이나 고쳤다우."

부친의 추도식 날 형제자매와 온 가족

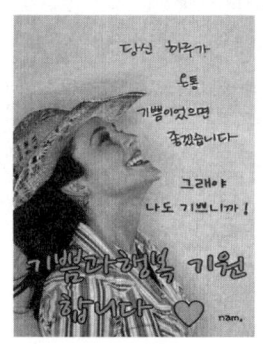

제 11 장
학생, 군인 및 전문인

우즈벡 장애고아들과 공원 나들이(2013. 5)

7순 기념으로 〈웃음보따리〉라는 책을 내 놓았습니다. 그 후 하나 둘 모은 유머들을 8순을 기하여 책으로 출판합니다. 요즈음은 통신이 발달하여 유머도 순식간에 유포 되며 널리 동시적으로 퍼집니다. 그러나 유머의 대부분은 퇴폐적인 것이 많고 웃음 뒤에 쓸쓸함을 남겨 둡니다. 그래서 건전한 유머책을 만들기로 하였습니다.

저는 손자와 며느리에게 하여도 좋은 건전한 유머들만 모았습니다. 유머는 편집자가 자작한 것도 있지만 대부분의 유머를 수집하여 편집합니다. 그래서 유머집 편집자는 작가라 하지 않고 편집자라 합니다. 저작권을 주장하는 분도 없으며, 모든 분들에게 공유하고 퍼지기를 바라는 것이 공통적인 인식입니다.

유머에는 규정된 것은 없지만 유머에도 에티켓이 있습니다. 대중 중에는 그 유머를 알고 있는 분이 분명 있을 것입니다. 그러나 아는 체 하거나 수정하려고 하지 마세요. 그저 처음 듣는 양 웃어주세요. 그래야 말하는 사람도 신이 나서 하고 이미 아는 분도 웃으면 또 즐거워지고 그렇게 하여도 파급 효과가 있습니다.

우리 뇌는 진정 우스워서 웃는 것과 만들어 웃는 것의 차이를 모른다고 합니다. 효과도 90% 이상 나온다고 합니다. 재미있는 유머를 들으면 메모를 하였다가 가까운 분들에게 전하세요. 손자손녀에게 이야기 해주어도 좋습니다.

이제는 성숙하였다고 가까이 하기 힘든 손자들과도 친해질 수 있고 잊어버리지 않습니다. 자주하다 보면 실력도 향상합니다. 대중을 즐겁게 해야겠다는 마음으로 노력하다 보면, 그 상황에 가장 맞는 유머를 구사할 수 있게 됩니다.
그리고 당신은 어느 새 유머리스트가 되어 있습니다.

"우리가 만약 찬양을 눈으로 볼 수 있다면 아마 찬양은 무지개처럼 아름다울 것이다. 무지개는 특별한 뜻이 있으니 곧 하나님께서 인간과 언약을 맺으신 첫 번째 증거이기 때문이다."
-찬양의 성전(김명환 지음)에서-

겸손한 자에게 여호와로 말미암아 기쁨이 더하겠고 사람 중에 가난한 자가 이스라엘의 거룩하신 이로 말미암아 즐거워하리니(사 29:19)

11.1 중이 고기 맛을 보면

스님이 식당에 들어 와 냉면을 주문하였습니다.
"고기는 뺄까요?"라고 종업원이 묻자
스님 왈
"밑에다 깔어"
"술은요?"
"주전자에 넣어 와!"

11.2 기도

교회나 성당엔 가 본 일이 없지만, 다급해진 고3 학생이 성모상 앞에서 기도를 했습니다.
"대학에 합격하게 해 주세요. 그렇지 않으면 당신을 부수어 버리겠어요!"
우연히 그 기도를 들은 신부는 큰 성모상을 다른 곳으로 옮기고 아주 작은 성모상을 그곳에 놓았습니다.
며칠 후 그 고3 학생이 씩씩거리며 찾아 와서 말했습니다.
"너희 엄마 어디 갔어?"

11.3 무지

동생: "형, I don't know가 무슨 뜻이야?"
형: "나는 모른다."
동생: "중학생이면서 공부 잘한다는 형이 그것도 몰라?"

11.4 의사

중년 부인과 처녀가 병원을 찾았습니다.
의사: (처녀를 향해) "옷을 벗으세요."
처녀: "진찰을 받을 사람은 저의 이모님인데요."
의사: (중년 부인을 향해) "그럼, 혀를 내 밀어 보세요."

11.5 나라의 이름

나라 이름을 짓기 위해 여러 나라에서 세종대왕에게 왔습니다.
1. 저희는 아프리카에서 왔습니다
   … 간단하게 "가나"라 하세
2. 저희는 북미에서 왔습니다
   … "가나다"로 하게 – 카나다
3. 저희는 남방에서 왔습니다 원주민을 몰아내었으니 그 나라 주인이 되고 싶습니다
   … 그럼, "호주"라 하세
4. 저희 조상 중에 큰 불자가 있어 사람이 사는 도리를 가르쳤습니다
   … 그럼 "인도"로 하게
5. 저희는 큰 나라가 되고 싶습니다
   … 그럼, "태국"이라 하라.
6. 저희 나라는 땅 덩이는 크지만 폐하 같은 큰 임금이 없으니 어찌 큰 나라라 할 수 있겠습니까?
   … 그러면 "중국"이라 하세

7. 저는 왕국에서 왔습니다 영원한 왕국이 되고 싶습니다
　　… "영국"이 좋겠네
8. 저는 석유 부자 중동에서 왔소, 거만하게 말하자
　　… "오만"으로 하지
9. 저희 나라 이름은 무엇으로 하는 것이 좋겠습니까?
　　… 귀찮아진 세종대왕은 아무렇게나 하게. 그것이 잘못 전달되어 "아메리카"가 되었다고 합니다.

11.6 왕진요금

선생님: 봉수야, 너무 공부를 못해 안 되겠다. 너의 아버지를 모시고 오너라.
봉수: 네, 그런데 우리 아빠를 모시고 오려면 왕진료가 5만원이에요. 아시겠어요?

11.7 동갑내기

병원에 찾아온 할머니가 의사에게 말했습니다.
"비만 오면 오른쪽 다리가 몹시 쑤시는데 혹시 몹쓸 병은 아닐까요?"
의사는 별로 생각도 없이 건성으로 대답했습니다.
"뭐, 나이가 들면 자연히 그런 증상이 나오는 거예요."
그러자 할머니는 버럭 화를 냈습니다.
"이보슈, 왼쪽 다리도 오른쪽과 동갑이란 말이오."

11.8 관점에 따라 다르다

이조의 시조 이성계가 정권을 잡기 이전의 이야기입니다. 그와 친하게 지나던 무학대사가 있었습니다. 그는 스스로 아는 것이 없다고 하여 무학대사라 했습니다. 어느 날 이성계가 무학대사를 놀려 주려고
"내가 보니 스님은 꼭 돼지같이 생겼습니다."
그러자 무학대사는 껄껄 웃으며
"제가 보기에는 장군께서는 부처님으로 보입니다."
라고 응수하였습니다.
이성계는 기쁘게 웃으며
"허허, 그렇습니까? 그런데 대사께서는 내가 돼지 같다고 하는데도 화가 나지 않습니까?"
"화가 나다니요. 오히려 기쁠 뿐이죠."
"아니, 그것이 사실이란 말씀이오?"
무학대사는 껄껄 웃으며
"돼지의 눈에는 모든 것이 돼지로 보이고, 부처님 눈에는 모든 것이 부처로만 보이기 때문이죠."

11.9 거지도 머리를 써야

남녀가 팔짱을 끼고 걸어가자 거지가 두 사람 앞에 다가오더니
"아저씨, 혹시 지갑 떨어뜨리지 않으셨어요?"
신사는 양복 주머니 속으로 손을 넣어 보더니
"아니, 내 지갑은 여기 있는데 … "

그러자 거지가 웃으면서 손을 내밀며
"그렇다면 한 푼만 줍쇼!"

11.10 탈출

비행기가 엔진고장으로 급강하하고 있었습니다.
"저는 비행기를 조종하는 고급 기술자이니 죽어서는
안 됩니다."라고 말하면서 낙하산을 매고 뛰어 내렸습니다.
"저는 사업가로 많은 사람을 먹여 살려야 됩니다."
라고 하면서 뛰어 내렸습니다.
이제 세 사람이 남아 있는데 낙하산은 단 두 개,
"저는 정치가로 나라를 다스려야 합니다."
라면서 뛰어 내렸습니다.
노인은 학생에게
"나는 살만큼 살았으니 학생이 낙하산을 쓰게"라고 말씀하자.
학생은 아직 낙하산은 두 개 있다고 말하면서
"아까 정치가는 내 가방을 매고 뛰어 내렸어요!"
"오! 마이 갓!"

11.11 누군지 몰라

예술의전당에서 모차르트의 '피가로의 결혼'이 공연되어 국회 문공위원장실에 초청장이 전달되었습니다. 비서가 위원장에게
"위원장님, 오늘밤 '피가로의 결혼'이 있는데 가시겠습니까?"
그러자 국회의원이 하는 말

"여보게, 외국인인 것 같은데 누군지도 모르네, 그의 결혼식에 내가 꼭 참석해야 하나?"

11.12 불쌍한 양들

장난 삼아 성도가 목사님을 영화관에 초청하였는데 야한 장면이 상영되고 있었습니다. 목사님은 계속 고개를 숙인 채 영화를 보지 않았습니다.
그 때 성도가 뭐라고 하자, 목사님은 고개를 들어 영화를 끝까지 봤습니다. 성도가 뭐라고 했을까요?
"목사님! 헐벗고 신음하는 양을 외면하시나이까?"

11.13 주일 예배

어느 날 중대장은 사령관으로부터 다음 주일 예배에 될 수 있는 한 많은 장병들이 참석하게 하라는 지시를 받았습니다.
그러나 장병들에게 교회에 꼭 나가라는 명령은 내리지 말라는 것이었습니다.
고민 하던 중대장은, 선임하사의 제안을 받아들여 그에게 모든 것을 맡겼습니다. 그랬더니 선임하사는 게시판에 다음과 같은 공고를 붙였습니다.
"완전 군장 차림의 열병식이 일요일 오전 10시 30분에 실시됨. 중대장이 훈련 전에 중대를 검열할 것이므로 전원 연병장에 집합할 것! 단, 같은 시간인 10시 30분에 있는 일요일 예배에 참석하는 자는 훈련에서 제외됨."

11.14 기상통보관의 음모

일기 예보를 하는 기상 통보관을 국장이 다그쳤습니다.
"도대체 당신은 왜 몇 주째 주말에 설악산의 날씨가 쾌청할 거라고 예보를 하는 거요?"
기상 통보관은 풀이 죽어서 대답했습니다.
"사실은 설악산에 관광호텔을 대부금으로 구입하였거든요."

11.15 다시 한 번 들러주세요

"요즈음은 가는 곳마다 다시 한 번 꼭 들러달라고 애원 합니다."
한 사내가 말했습니다.
"인기가 좋다는 거군요."
"그게 아니구요, 난 수금사원이거든요. 요즘엔 다들 어려운가 봐요."
그는 힘없이 말했습니다.

11.16 불공평

한 시인이 세상이 불공평하다고 한탄하였습니다.
친구가 왜 그렇게 생각하느냐고 묻자 그의 대답은 이랬습니다.
"예를 들면 말이야, 은행원이 시를 쓰면서 철자법을 틀려도 세상은 별말이 없거든. 그런데 시인이 수표의 숫자 하나만 잘못 써 봐!"

"금방 구속되지 않느냐구!"

11.17 미친놈

"아이고 배야, 아이고 배야!"하고 소리치는 환자의 엑스레이 필름을 보고 나서 의사가 말했습니다.
"미친 사람 같으니라고! 장미꽃을 다발로 삼켰군요. 일곱 송이나 있어요."
그러자 환자는 화가 난 얼굴로 말했습니다.
"하나만 알고 둘은 모르는 의사시군! 카드는 안 보여요? 카드도 함께 삼켰단 말이에요."
의사는 혼자 중얼거렸습니다.
"장미꽃 다발 삼킨 놈이나 카드 삼킨 놈이나 미치긴 마찬가지지!"

11.18 잘 맞은 예언

의사가 환자를 진찰하고 나서 말했습니다.
"노인께서는 별탈이 없습니다. 이 정도 몸이면 여든 살까지 건강히 사실 수 있습니다."
그러자 노인은 벌컥 화를 냈습니다.
"뭐라구요? 내 나이 지금 꼭 여든이요."
의사는 의기양양하게 말했습니다.
"거봐요. 제 말이 맞잖습니까?"

11.19 절대 유리하다

맹인 골퍼가 진짜 프로 골프 챔피언에게 말했습니다.
맹인: "당신과 한번 겨뤄보고 싶소. 내기 골프를 하면 더욱 좋고."
챔피언: "당신이 불리하지 않을까요?"
맹인: "걱정 마시오. 날 특별히 봐줄 필요도 없소."
챔피언: "에이, 그러면 맹인이 아니시겠지."
맹인: "내 눈을 보시오, 자아!"
챔피언: "진짜군요, 그럼 언제 할까요?"
맹인: "아무 때라도 좋소. 어떤 날 밤이라도 상관없소. 낮엔 바쁘니까 밤에 … "

11.20 강연

피부과 의사인 수동이가 어느 외과대학에서 초청강연을 하게 되어 여러 가지 피부병에 대한 영상을 준비했습니다. 그런데 강당에는 의외로 학생들로 초만원이었습니다. 수동이가 강연을 마치고 나오다가 게시판을 보고서야 초만원이었던 이유를 깨달았는데 거기에는 굵직한 글씨로 이렇게 쓰여 있었습니다.

"명 강의: 오전 10시, 대강당, 피부노출 영화 상영"

11.21 우리 말

경찰관이 외국인 강도를 잡고 우리말을 할 줄 아느냐고 물으니까 강도는 조금 안다고 하였습니다. 무슨 말을 할 줄 아느냐고 물었더니 그 강도 왈
"손 들어, 살고 싶으면 돈 내놔!" 했습니다.

11.22 개회사

어느 회사가 문을 열고 개업기념식에서 사회자가 개회사를 시작했습니다.
"만장하신 신사숙녀 여러분, 귀빈 여러분, 그리고 기자 여러분 … "
그 때 탈북자 한 사람이 내뱉었습니다.
"북한에서라면 그저 '동무들' 하면 끝날 텐데 … !"

11.23 공동묘지 관리인

어느 게으름뱅이가 드디어 직장을 구했는데 공동묘지 관리인 자리였습니다. 하는 일이라고는 묘소를 지키는 것 외에 아무것도 없는 그에게는 안성맞춤인 자리였습니다. 그런데 얼마 가지 않아 그만 두겠다는 것입니다.
그가 하는 말
"나, 그만 두겠네. 여기 있는 사람들은 모조리 다 쉬고 있는데 나 혼자만 일하고 있잖아!"

11.24 안락의자

학생들은 은퇴하는 교수님께 선물을 사드리기로 했습니다.
그리고 선물을 고르는 문제는 사모님께 물어보기로 했습니다. 의논 끝에 발판이 있고 뒤로 젖혀지게 되어 있는 안락의자를 사기로 했습니다.
교수는 그 선물을 받고 매우 놀라며, 무척 감격했습니다.
그런데 한 달쯤 지나서 교수가 학생들을 찾아왔습니다.
"그 멋진 의자를 어디서 샀는가?"
"그 의자에 혹시 무슨 이상이 있는 것은 아니겠죠?"
하고 물었더니 망설이다가 이렇게 말했습니다.
"그것과 똑같은 것을 하나 살까 해서… 이번에는 내가 쓸 것으로 말이야."

11.25 손실

미국의 저명한 인사인 벤자민 프랭크린에게 가난한 친척이 찾아와 100불을 꾸어 달라고 했습니다. 그가 100불을 주자 그 친척은 감사하다고 하면서 종이를 한 장 주시면 차용증서를 쓰겠다고 했습니다.
그러자 프랭크린은 버럭 화를 내며,
"뭐라고, 돈도 주고 또 내 편지지도 달란 말이요?"

11.26 기술

남편은 웬만한 가전제품은 자기 손으로 고칠 수 있다고 큰 소리를 쳤습니다.
그러던 어느 날 건조기가 고장이나 아내는 남편에게 고쳐달라고 부탁했습니다. 큰 연장통을 들고 세탁실로 간 남편은 세탁기와 건조기를 번갈아 들여다보며 물었습니다.
"어떤 게 건조기지?"

11.27 죽은 새

윈스턴 처칠이 정계에서 은퇴하고 80살이 넘어서 파티에 참석했을 때의 일입니다. 한 부인이 처칠을 보고 반가움에 달려오다가 주춤거리더니 짓궂은 질문을 하였습니다.
"안녕하세요. 총리님, 반가워요. 그런데 어쩌면 좋아요. '남대문'이 열렸네요. 이럴 땐 어떻게 해결하시나요?"
그러자 처칠은 당황하지 않고 허허 웃으면서 이렇게 말했습니다.
"굳이 해결하지 않아도 별문제가 없을 것입니다. 이미 '죽은 새'는 새장문이 열렸다고 해도 밖으로 나오지 않으니까요."
이 말을 듣자. 사람들은 파안대소하면서 웃었습니다.

11.28 죽을 병

남편이 병이 들었지만 병원이 너무 멀어서 의사가 집으로 왕진을 오게 하였습니다. 방으로 들어 간 의사는 잠시 후 부인을 불렀습니다.
"칼 있으면 좀 주십시오."
부인은 칼을 가져다주었습니다.
잠시 후 의사가 또 "드라이버 있으면 좀 갖다 주시죠."라고 했습니다.
부인은 초조한 마음으로 드라이버를 가져다주었습니다.
곧 이어서 의사가 나오면서
"혹시 전기톱 있습니까?"라고 묻자 부인은 울먹이며 말했습니다.
"도대체 무슨 병이기에 이러세요? 죽을 병입니까?"
"아, 저 … 죄송합니다. 진료가방이 안 열려서 … "

11.29 유능한 변호사

좋은 사람을 넘어뜨려 지옥으로 데려가는 문제에 대해 천사와 악마가 열을 내고 토론하고 있었습니다.
한참 다투다 마침내 화가 머리끝까지 난 천사가 말했습니다.
"당장 그만 두지 않으면 고소할 거야."
악마는 하나도 떨 것 없다는 표정으로 말했습니다.
"고소를 하든지 말든지 마음대로 해. 그런데 유능한 변호사들이 다 어디에 있는지 알지?"

11.30 좋아하는 남성

사병들이 다과를 들며 느긋하게 쉬고 있는데, 소대장이 갑자기 들어섰습니다. 군인들은 벌떡 일어나 거수경례를 하며 경의를 표했습니다.
"그래, 편히 쉬어. 오늘 너희들에게 들려줄 기쁜 소식이 있다."
궁금해진 장병들은 침을 삼키며 다음 말을 기다렸습니다.
"우리나라 여성이 좋아하는 남성상 2위에 바로 너희들, 군인이 뽑혔다."
와 - 하는 함성과 함께 병사들이 서로 기뻐했습니다.
잠시 후 한 병사가 물었습니다.
"그러면 1위는 누굽니까?"
소대장이 대답했습니다.
"1위는 … 민간인이다."

11.31 시험

시험시간에 어떤 학생이 연필에다 번호를 적어 굴려서 답을 써 넣고 있었습니다. 시험 감독은 정말 한심한 놈이라 생각하며 가만히 보고 있으려니, 답을 다 쓰고서도 연필을 계속 굴리고 있었습니다. 이상히 여긴 선생님이
"이봐 학생, 답을 다 쓰고서도 왜 또 굴리나?" 하고 물었습니다.
그 학생은 얼굴도 붉히지 않고 대답했습니다.
"아니, 검산도 해야죠."

11.32 정략

영국의 보수당원과 노동당원이 그들의 정략에 관해 이야기를 나누고 있었습니다.

"나는 쉴 새 없이 선전한다네. 가령 택시를 탔을 때만 해도 말이야. 어김없이 팁을 두둑이 주고는 '보수당원을 찍어 주세요.' 라고 한다고."

보수당원이 이같이 말하자 노동당원도 그의 정략을 밝혔습니다.

"내 방식도 그것하고 아주 비슷한 거야. 난 택시를 타면 팁을 한 푼도 안 줘. 그리고는,

'반드시 보수당에 찍어 주세요.' 라고 한 마디 한다고."

손자, 손녀들의 생일카드를 읽으며

11.33 깨끗한 사람

영국의 한 짓궂은 젊은이가 유명정치인 30명에게,
"큰일 났습니다. 모든 것이 탄로 났으니 어서 바삐 도망가십시오."라고 이메일을 보내 놓고 30분 후에 확인해 보니, 자리에 있는 사람이 하나도 없더라고,
그렇게 유명하고 깨끗하다고 큰 소리 친 정치인인데 말입니다.

11.34 아무리 성질이 급해도

어느 건설업체 사장이 예고 없이 현장을 돌아보는데 한 젊은이가 나무 다발에 기대어 쉬고 있었습니다. 사장이 화난 소리로 물었습니다.
"자네 일주일에 얼마를 받고 있나?"
"20만원이요."
사장은 지갑에서 10만 원짜리 수표 두 장을 뽑아 그에게 건네주면서 소리 질렀습니다.
"이거 받게 1주일 치야. 당장 나가서 다시는 돌아오지 말라고!"
그는 아무 말 없이 돈을 받아 주머니에 넣고 떠나 버렸습니다. 작업반장이 어안이 벙벙해서 바라보고 있었습니다.
"여보게, 저 친구 여기서 일한 지 얼마나 되지?"
사장이 물었습니다.
"우리 회사에서 일한 적은 없습니다. 우리 현장에 물품을 배달 온분 입니다."

11.35 직업

두 여자들의 대화
"우리 남편이 일을 시작하면 사람들의 입이 딱 벌어지게 된단다."
"그래? 남편이 무슨 일을 하길래?"
"응, 치과의사야."

11.36 진찰료

그 동네에 하나밖에 없는 구둣방에 의사가 장화를 수선해 신으려고 갔더니, 구둣방 주인은 도저히 고칠 수 없다면서 5천원을 내라고 했습니다.
"고칠 수 없다면서 뭣 때문에 돈을 받는 거요?"
"당신한테 배운 거요. 우리 아내가 당신 병원에 가니까. 그 병은 도저히 고칠 수 없다 면서도 진찰료를 받지 않았소?"

11.37 청중

한 연사가 지방 순회 연설을 중단 하면서 불평을 했습니다.
"난 내가 이야기 하고 있는데 사람들이 시계를 들여다보는 것은 개의치 않았는데,
"여기 청중들은 자기 시계가 멈춰버린 것이 아닌가? 해서 흔들어 보는 사람도 있었어."

11.38 최고의 집

먹자골목에 같은 메뉴를 차리는 식당이 3개 있었는데 경쟁이 치열했습니다.

한 식당이 〈국내에서 제일 맛있는 집〉이라고 간판을 크게 내걸었습니다.

이에 질세라 건너 집은 더 큰 글씨로 〈세계에서 제일 맛있는 집〉이라고 간판을 바꾸었습니다.

그러자 나머지 한 집은 소박하게 이렇게 써 붙였습니다.

"이 골목에서 제일 맛있는 집"

11.39 환자의 소망

생명이 위독해진 한 환자에게 의사가 이제는 사실을 말해줘야겠다고 생각했습니다. 그리고는 그 환자가 있는 병동으로 찾아가 조용히 말했습니다.

"내 말에 너무 놀라지 마십시오. 당신의 병이 중병이라는 것을 알려드려야겠어요. 병세가 호전되기가 어려울 것 같으니 마음의 준비를 하셔야 겠습니다. 그리고 특별히 보고 싶은 사람은 없습니까?"

이 말에 그 환자는 다 기어 들어가는 목소리로

"있다."라고 말했습니다.

의사가 누구냐고 물었을 때 환자는 약간 큰소리로 이렇게 대답했습니다.

"다른 의사요."

11.40 의사, 건설업자와 정치가

의사와 건설업자 정치가가 누구 직업이 가장 오래 되었는지 다투고 있었습니다. 의사는 하나님이 아담의 갈비뼈로 이브를 만들어 낸 것이 바로 외과 수술이라면서 가장 오래 된 직업이라고 말했습니다.

이에 뒤질세라 건축업자도 하나님이 건설업자와 같이 혼돈상태에서 세상을 창조한 것이라면서 가장 오래 되었다고 했습니다.

그러자 정치인이 반문했습니다.

"그럼, 당신들은 애당초 세상을 혼돈속에 빠뜨린 사람이 누구라 생각하시오?"

11.41 달아난 이유

달아나는 환자를 겨우 잡은 직원이 환자에게 물었습니다.
"왜, 수술실에서 달아났죠?"
환자가 가쁜 숨을 몰아쉬며 말했습니다.
"글쎄, 간호사가 의사에게 '겁먹지 마세요. 맹장 수술은 아주 간단한 수술이니까!! … ' 하지 않겠어요?"

속리산 길목에서

제 12 장
동물

2015. 12 성남시 다문화가족합창대회에서 할렐루야교회 러시아 팀

100세 시대에 80세는 아직 살아 갈 시간이 많지만 선배들의 충고를 참고하여 늙어가는 분들에게 제가 살면서 체득한 삶의 지혜를 공감하고자 합니다.

1. 나이 들었음을 허용하지 마십시오. 세월이 가면 나이가 늘어가는 것을 어찌 하겠습니까 그러나 늙은이라고 스스로 포기하지 말라는 말입니다. "나이가 들면 능력이 떨어지는 것이 아니고 쓰지 않아 무디어 지는 것이다." 라는 말이 있습니다. 새로운 분야로 시선을 돌리고 노력 하십시오. 다만 젊은 사람이 할 수 있는 분야를 넘보지 말아 주세요.

2. 메모 하십시오. 기억력이 떨어지는 것은 지극히 정상적입니다. 잊어버릴지도 모른다는 생각으로 그때그때 말하면 생뚱맞게 될 수도 있습니다. 될 수 있으면 약속 일정과 메모 수첩을 얇은 것으로 따로 만드는 것도 좋습니다.

3. 단순화하십시오. 하나하나 하면 곧잘 하는데 복잡해지면 무엇인가 빠트립니다. 미리미리 준비하여 단순화하고 하나하나 하는 것이 좋습니다.

4. 어쩌면 마지막이 될지도 모르니 천천히 심사숙고하여 후회 없는 결정을 하되, 고집 부리지 말고, 자기 의견을 자녀들에게 말할 때도 자기의 의견일 뿐임을 말 하세요. 그래야 듣지 않아도 상처 받지 않습니다. 절대 상처 받지 마세요. 모든 것을 버리고 떠날 시간이 머지않았습니다. 하나 하나 내려놓고 포기 하는 것을 배우세요.

5. 항상 깨끗하게 하세요. 몸도, 마음도, 옷도, 환경도 깨끗이 유지하세요. 몸에서 안 좋은 냄새가 날 수도 있으며, 잘못하면 추해 보일 수도 있습니다.

손주 생일에

처제와 조카들

마음의 즐거움은 양약이라도 심령의 근심은
뼈를 마르게 하느니라.(잠 17:22)

12.1 고양이는 안 무섭다

코너에 몰린 생쥐가 말했습니다.
"나 쥐약 먹었다. 마음대로 해라."
물러나는 고양이 뒤에 대고 이렇게 놀렸습니다.
"쥐약 먹고 멀쩡한 쥐 봤냐?"

12.2 깡

참새 백 여 마리가 전기 줄에 앉아 있는데, 포수가 공기총을 쐈는데도 꼼짝않고 앉아 있었습니다.
"이 많은 중에 설마 내가 맞을라고!" 한 참새가 말하자.
"저건 공기총이야!" 다른 새가 말했습니다.

12.3 외국어의 중요성

새끼 쥐가 고양이에게 쫓기는 것을 보고, 엄마 쥐가 대문 뒤에 숨어서
"멍멍!"하고 소리를 질렀습니다.
그 소리를 듣고 고양이가 기겁을 하고 도망가자,
엄마 쥐가 하는 말
"애야, 이제 제2외국어의 중요성을 알겠느냐?"

12.4 낙타

"엄마, 내 눈썹은 왜 이렇게 길지요?"라고 아기 낙타가 엄마에게 물었습니다.

"응, 그건 사막에서 모래 폭풍이 불 때 눈을 보호해 주기 위해서란다."

아기 낙타는 또 이렇게 물었습니다.

"근데 엄마, 내 발은 왜 이렇게 커요?"

"응, 그건 사막에서 모래에 빠지지 않도록 도와주는 거란다."

"엄마! 그럼, 난 왜 이렇게 큰 혹을 등에 지고 있어요?"

"응, 그건 네가 오랫동안 사막을 여행할 때 물을 저장할 수 있도록 해주는 거란다."

그러자 아기 낙타는 이렇게 물었습니다.

"그런데 엄마와 나는 왜 동물원에 있죠?"

12.5 지역감정

전라도 참새와 경상도 참새가 인간들이 싸울찌라도 지역 감정을 없애기로 합의하고 전깃줄에 한 마리씩 섞어서 앉아 있는데 포수가 참새들을 발견하고 총을 쏘았습니다.

이를 먼저 본 경상도 참새가 '수구리' 하고 외쳤습니다.

그 소리에 경상도 참새들은 모두 수구려 총을 피했는데, 전라도 참새들은 무슨 말인지 몰라 모두 총에 맞았습니다.

이때 전라도 참새가 떨어지면서 하는 말,

"너그들은 끝까지 배반 해뿌러이!"

12.6 왠 변소냐?

담벼락에 소변을 보는 사람이 많아 참다못한 주인 이렇게 경고 하였습니다.
"이곳에 소변을 보면 개새끼다."
그런데 조금 있다가 "쏴"하는 소리가 들려왔습니다. 살금살금 밖으로 나가보니 강아지가 소변을 보고 있지 않은가! 화가 나서
"에잇, 개새끼야!" 그렇게 소리치자.
강아지가 도망치며 하는 말.
"모처럼 내 화장실을 발견 하고 소변을 보았는데 왠 야단이야!"

12.7 고양이의 약속

고양이 한 마리가 온 동네를 휘젓고 다니며 소란을 피웠습니다. 비상계단을 뛰어 올라가기도 하고, 지하실로 뛰어 들어가기도 하고, 골목길을 뛰어 가기도 하였습니다. 참다못한 이웃 사람이 고양이의 주인집 대문을 두드렸습니다.
"댁의 고양이가 미친 듯이 뛰어 다니고 있어요."
그러자 주인이 태연히 대꾸했습니다.
"네, 나도 알고 있어요. 그 녀석을 거세 했거든요."
"그랬더니, 여기 저기 뛰어다니면서 약속을 취소하고 있는 거예요."

12.8 테이블 스피치

영국의 풍자가 체스튼이 오찬에 초대 되었습니다. 식사가 끝나

면 별로 달갑지 않은 테이블 스피치를 해야 할 판입니다. 그는 일어나서 이렇게 말했습니다.

네로시대에 한 기독교인이 원형 경기장으로 끌려갔습니다. 우리의 문이 덜커덩하고 열리면서 큰 사자 한 마리가 뛰어와 그에게 덤벼들었습니다.
그런데 그 사나이가 사자의 귀에 대고 몇 마디 속삭이자, 미친 듯이 날 뛰던 사자는 조용히 우리로 들어가 버렸습니다. 이상하게 생각한 네로가 그 기독교인을 불러 물었습니다.
"그대가 사자 귀에다 무엇이라 속삭였는지 말해주면 그대를 살려 주겠다."
그러자 그 사나이는 이렇게 말했습니다.
"만약 네가 나를 잡아먹으면, 너는 테이블 스피치를 해야 할 것이다."

2015. 9. 할렐루야교회 디아스포라대회

12.9 맞돈

김선달은 술은 먹고 싶은데 돈이 없어 외상술을 먹곤 했습니다.
"여보게, 주모 외상 술 좀 주게."
"외상값은 줄 생각도 않고 오늘도 외상을 달라시니 어쩌잖 말씀이요? 미안하지만 줄 수 없소."
주모는 새침해 한 마디로 거절했습니다. 하는 수 없이 툇마루에 앉아 있는데 마당에 널어놓은 메밥을 돼지가 와서 마구 먹어댔습니다. 얼마 후 주모가 와서 그를 나무랬습니다.
"원 선달님도, 그래 돼지가 메밥을 다 먹도록 보고만 계셨단 말씀이오?"
"허, 이 사람아. 나는 저 돼지가 맞돈 내고 먹는 줄 알았지!"

12.10 요즘 개와 닭

요즘 개는 도무지 짖지 않는다며 이상히 여긴 닭이 물었습니다.
"여보게 견공, 왜 요즈음은 짖지를 않소?"
"우리 주인이 도둑인데, 누구에게 짖어 대라는 건가?"
"그건 그렇고 계공 자네는 요즘 왜 새벽에 울지 않나?"
"나야 시간을 알리기 위해 우는데, 요즘 시계가 없는 집이 없으니 내가 울 필요가 무언가? 공연히 시끄럽다고 주인이 나와서 내 목을 비틀면 나만 손해지!"

12.11 낚시꾼의 기도

어느 날 낚시꾼이 이렇게 기도 했습니다.

"주여, 제가 잡은 물고기에 대해 남에게 애기할 때 거짓말 할 필요가 없을 정도의 큰 고기를 잡을 수 있도록 해 주시기를 바라나이다… ."

12.12 무엇을 위해서 뛰었나.

옛날에 자랑하기를 좋아하는 개 한 마리가 있었습니다. 그 개가 특별히 자랑하는 것은, 자기가 아주 잘 달리는 선수라고 하는 것이었습니다. 그런데 하루는 그 개가 토끼 한 마리를 쫓아갔는데 그만 놓치고 말았습니다. 그것은 대 망신이었습니다. 다른 개들이 마구 놀렸습니다. 그러자 그 개의 대답
"자네들이 알아야 할 것은, 토끼는 목숨을 위해서 뛰었고, 나는 저녁 식사거리를 위해서 뛰었다는 점일세!"

12.13 팬티 입은 개구리

어느 연못에 물뱀과 개구리가 놀고 있는데 모두 벌거벗고 있었습니다. 그런데 물뱀이 보니 개구리 한 마리만 팬티를 입고 바위 위에 있었습니다.
물뱀은 은근히 화가 나서 그 개구리에게 물었습니다.
"임마! 너는 뭔데 너만 팬티를 입고 있어?"
팬티 입은 개구리는 수줍은 듯이 대답했습니다.
"저요? 저는 때밀이인데요."

12.14 춤추는 원숭이

옛날에 어느 남자가 원숭이에게 춤을 가르쳐서 시골 장마다 돌아다니면서 사람들 앞에서 원숭이가 춤을 추게 하고 구경꾼을 모아 약을 팔았습니다.

그런데 '헬로우, 미스터 몽키'를 틀어주자. 원숭이가 엄숙하게 서 있었습니다.

남자는 원숭이를 나무랬습니다.

"임마! 왜 춤을 안 추는 거야?"

그러자 원숭이가 남자에게 말했습니다.

"너는 애국가가 나와도 춤을 추냐?"

12.15 털 뽑힌 놈

어느 아가씨가 앵무새를 고르는데 주인이 말했습니다. 이놈은 귀엽기는 한데

"툭하면 '키스 한번 합시다!' 라고 합니다."

"그렇다면 더 귀엽겠네요."라고 말하면서 그 앵무새를 사가지고 집으로 왔습니다. 그런데 앵무새는 수시로 '키스 한번 합시다.' 라고 지껄여댔습니다.

처음엔 애교로 봐 주던 아가씨도 짜증이 나서 앵무새의 말버릇을 고쳐야겠다고 마음먹고 앵무새에게 말했습니다.

"너, 앞으로 계속해서 '키스 한번 합시다!' 라고 하면 6분간씩 냉동고 안에다 집어넣는다. 알았어?"

그런데도 불구하고 앵무새는 '키스 한번 합시다!' 라고 말했습니다. 화가 난 아가씨는 앵무새를 냉동고 안에다 집어넣었습니다. 그

리고 6분 후에 냉동고 문을 열었습니다. 그랬더니 온 몸에 성에를 허옇게 뒤집어 쓴 앵무새가 이를 덜덜 떨면서 이렇게 말했습니다.

"근데 아가씨, 저기 털 뽑힌 닭은 도대체 무슨 말을 지껄인 겁니까?"

12.16 암 닭 사정은...

도시 생활에 실증을 느낀 두 노처녀가 양계장을 차리기로 합의하고 서울 근교에 양계장을 마련하고 병아리를 사러 갔습니다.

"우린 양계장을 하려 합니다. 암탉 400마리와 수탉 400마리를 주세요."

부화장 주인은 이들을 이해 할 수가 없었어, 마음씨 좋은 그는 충고 하였습니다. 처음이라 잘 모르시는 것 같은데

"암닭은 400마리는 필요하겠지만, 수탉은 30마리면 족할텐데요."

그러자 두 처녀는 정색을 하며 동시에 말했습니다.

"하지만 우리는 짝이 없이 산다는 것이 얼마나 슬픈 일인지 알고 있거든요."

12.17 독재자

어느 공산국가의 독재자가 가발을 쓰고 짙은 색안경으로 위장하고 영화관에 갔습니다. 영화가 시작되자 '군중에게 손을 흔드는 그의 모습이 스크린에 나타났습니다.' 모두 일어나 박수를 쳤습니다. 물론 그 독재자는 그대로 자리에 앉아 있었지만 관객들이 자기에게 보여준 애정에 감명을 받았습니다. 금방 눈물이 쏟아질 것 같

은 심정이었는데, 그때 바로 뒷줄에 있던 사람이 그의 어깨를 두드리며 말했습니다.

"어서 일어나서 손뼉을 쳐. 이 정신 나간 사람아. 저기 저 병신한테 총살 당하지 말고!"

12.18 단골손님

고급 룸 사롱에 살고 있던 앵무새가 주점이 폐쇄되어 팔려가게 되었습니다. 그 앵무새는 어떤 소년이 사게 되었는데 새 집으로 들어서자 앵무새가

"어어? 집이 바뀌었네 … !!"라고 하는 것이었습니다.

조금 있다가 소년의 엄마가 들어 왔습니다. 그러자 앵무새가

"어라? 마담도 바뀌었네 … !!"라고 하는 것이었습니다.

그리고 소년의 누나가 들어 왔습니다. 이번에는 앵무새가

"뭐야? 아가씨도 바뀌었잖아 … !!"라고 하고,

마지막으로 소년의 아빠가 들어 왔습니다. 그러자 앵무새는

"음… ! 단골은 그대로군… 음 … !"

12.19 착한 거북이

장수벌레가 강을 건너려고 하는 데 물이 너무 깊어 엄두를 못 내고 있었습니다. 그 때 거북이가 나타나서 말했습니다.

"애, 걱정마 내가 건너 줄게."

"정말, 고마워!"

장수벌레는 거북이 등을 타고 무사히 강을 건넜습니다.

그때 개미 한 마리가 강을 건너지 못해 쩔쩔 매고 있었습니다.
착한 거북이는 또 다시 나서며 말했습니다.
"애, 걱정마 내가 태워 줄게."
그런데 거북이 옆에서 쓰러질듯 숨을 헐떡이며, 장수벌레가 말했습니다.
"헉헉, 타지마! 쟤 잠수 해"

12.20 웅웅 거리는 이유

벌들이 왜 웅웅거리며 콧노래를 부를까요?
"가사를 잃어 버렸기 때문입니다."

12.21 안전벨트

도로변의 초장에서 말 두 마리가 자동차를 타고 가는 사람들을 보고 있었습니다. 사람들이 한결 같이 안전벨트를 어깨에다 두르고 있는 것을 보고 한 마리가 말하길,
"으응, 요즈음 사람들이 왜 우리를 안타게 되었는지 이제 알겠다. 자기 마차도 자기가 직접 끄는 것 보라고!"

12.22 꿩먹고 알 먹는 사람은?

꿩 주인

12.23 골동품 장사

오래된 골동품 밥 종지에 고양이 먹이를 담아 주었습니다. 지나가던 사람이 값 나가는 골동품임을 알아보고 말했습니다.
"저 고양이를 사고 싶습니다."
"그러지요."
좀 비싼 값을 불렀지만, 그는 고양이를 샀습니다. 그리고 밥 종지도 주시지요? 라고 말했습니다.
그러자 그가 말했습니다.
"그 밥 종지 때문에 고양이를 비싸게 팔고 있는데, 거져 달라니요?"
"벌써 다섯 마리나 팔았습니다."

12.24 도미요, 넙치요?

평소 음식에 불평이 많던 손님이 웨이터를 불러 물었습니다.
"이 흰 생선 도미요, 넙치요?"
"손님께서 맛으로 아실 텐데요!"
"모르겠으니까 묻는 것 아니겠소?"
"그렇다면 어느쪽이던 상관이 없지 않소?"

12.25 사자가 가장 무서워 하는 것

초등학생들을 데리고 사자 우리 앞에 서서 선생님은 학생들에게 물었습니다.

"자, 여러분 세상에서 제일 무서운 동물은 무슨 동물이죠?"
그러자 아이들이 일제히 소리쳤습니다.
"사자요!"
선생님은 박수를 치면서 다시 물었습니다.
"정말 잘했어요. 그렇다면 사자가 제일 무서워하는 동물은 무엇일까요?"
아이들이 주춤하고 있는데 뒤에서 한 분이 소리쳤습니다.
"암사자!"

뉴호프재활협회 창립총회

제 13 장
기타

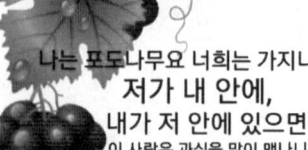

나는 포도나무요 너희는 가지니
저가 내 안에,
내가 저 안에 있으면
이 사람은 과실을 많이 맺나니

나를 떠나서는
너희가
아무 것도 할 수 없음이라

요한복음15:5

손녀

최초의 유머리스트는 하나님이라고 생각합니다. 천지창조를 하실 때부터 하루하루 새로운 것을 창조하시고, 보시기에 좋았더라고 말씀하셨습니다.

여섯째 날은 인간을 창조하시고 〈모든 것을 보시니 보시기에 심히 좋았더라고 하셨습니다.〉 만물이 하나하나 종류 대로 다르고 종류 중에도 같은 것 하나 없이 특징이 있을 뿐 아니라. 재미있게 만드셨습니다. 개미의 잘록한 허리, 코키리 코. 기린의 목, 개미핥기의 주둥이 등 얼마나 재미있습니까?

바벨탑 사건 후 언어를 혼잡하게 한 것은 유머의 극치입니다. 같은 언어를 쓰던 일꾼이었는데, 갑자기 민족마다 호칭이 다르고 숫자가 다른 사람들이 탑을 건설하는 현장을 상상해 보십시오.

벽돌 쌓는 사람 오라면 목수가 오고, 여섯을 가져오라 하였는데, 그 높은 곳에 셋을 가져오고, 오라하면 가고! 서로 다른 언어로 핑계 대며, 싸우는 광경을 상상하여 보십시오.

성경에는 또한 뒤집기를 한 사건이 얼마나 많습니까. 어부가 사도가 되고, 살인 도구인 십자가가 귀부인의 목을 장식하고, 그 많은 군대가 못한 성내의 기아를 나병 환자가 해결하고, 기드온의 미디안 군대, 항아리와 횃불로 적군을 전멸한 사건, 여리고성을 돌기만 하다가 고함으로 점령하는 코미디, 우리 하나님(주님)은 참으로 재미있는 분입니다.

막내 처남 내외

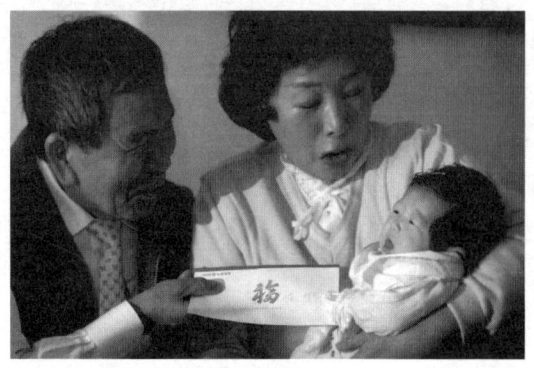

한 달된 손녀

이와 같이 너희도 기뻐하고 나와 함께 기뻐하라(빌 2:18)

13.1 일주일의 웃음

월요일은 … 월내(月內) 웃고,
화요일은 … 화가 나도 화사하게 웃고,
수요일은 … 수수하게 웃고,
목요일은 … 목소리 높여 웃고,
금요일은 … 금방 웃고 또 웃고,
토요일은 … 토실토실 웃고,
일요일은 … 일어나서 웃는다.

13.2 발에 불이 나면 신을 벗어야지

무더위가 한창인 8월에 어머님의 고희 잔치를 위해 딸은 버선에 고무신을 신고 시골로 차를 타고 갔습니다. 발에 불이 난다고 차 안에서 신을 벗고 있었습니다. 그런데 시골에 도착하여 보니 신발이 없었습니다.
〈휴게소에서 쉬고, 차를 타면서 신발을 밖에다 벗어 놓고 차를 탄 것입니다.〉

13.3 찝찝한 것과 황당한 것

대변을 보려 화장실에 갔는데 방귀만 나오고 아직 시원치 않을 때 찝찝하고, 방귀를 뀌려는데 대변이 나왔을 때 황당합니다.

13.4 도로

스포츠카에 애인을 태우고 시골 길을 달리던 젊은이가 길을 잃고 말았습니다.
마침 지나가던 노인에게 길을 물었습니다.
"노인 양반, 이 길은 어디로 갑니까?"
그러자 노인은 달갑지 않은 표정으로 대답했습니다.
"아무데도 안 가네, 몇 십년동안 계속 이대로 있던 걸!"

13.5 딸국질

"딸국질 멎게 하는 약 좀 주세요!"
약사는 "잠시만요!" 하면서 사내의 뺨을 철석 갈겼습니다.
그리고는 히죽거리며 말했습니다.
"어때요? 멎었죠? 하하 … "
사내는 기가 막혀 하며 말했습니다.
"나 말고 우리 마누라 라고요!"

13.6 똥차

정류장에서 꾸물대는 버스때문에 짜증난 승객 한마디 했습니다.
"이 놈의 똥차 언제 떠날 거야!"
불쾌해진 기사가 대답했습니다.
"똥이 차야 가지!"

13.7 명언

1. 명석함과 지혜의 차이는?

"상사의 말에 오류를 찾아내는 것은 명석함이고,
그것을 입 밖으로 꺼내지 않는 것은 지혜로움이다."

2. 물가가 껑충 껑충 뛰면 서민은 … 깡충 깡충 띕니다.

3. 모기 … 피는 물보다 맛있습니다.

13.8 심사위원

어떤 화가가 처칠에게 이렇게 불평을 하였습니다.
"한 번도 그림을 그려 본 적이 없는 사람이 명사라고 미술전의 심사위원이 되어 있는데, 어떻게 생각하십니까?"
그러자 처칠은
"나는 메추리알을 낳아 본 적은 없지만, 어떤 것이 좋은 알인지는 알고 있다네."

웃음 십계명

사람이 가장 아름다워 보일 때는 웃고 있을 때라고 합니다. 웃을 때 암을 이길 수 있는 엔터페롤이 200배나 나오고, 기쁜 노래를 할 땐 "다이돌핀"이라는 성분이 4,000배가 나온다고 합니다.

1. "크게 웃어라"
   크게 웃는 웃음은 최고의 운동 이며, 매일 1분 동안 웃으면 8년을 더 오래 삽니다.
2. "억지로라도 웃어라"
   병은 무서워서 도망갑니다.
3. "잠자리에서 일어나자 마자 웃어라"
   아침 첫번째 웃음은 보약 중에 보약입니다.
4. "시간을 정해 놓고 웃어라"
   약을 시간 맞춰 먹지 말고 웃어라. 병원과 의사와는 영원히 결별이다.
5. "마음까지 웃어라"
   얼굴 표정보다 마음 표정이 더 중요합니다.
6. "즐거운 생각하며 웃어라"
   즐거운 웃음은 즐거운 일을 창조합니다.
7. "함께 웃어라"
   혼자 웃는 것보다 33배 효과가 있다.
8. "힘들 때 더 웃어라"
   진정한 웃음은 힘들 때 웃는 것.
9. "한번 웃고 또 웃어라"
   웃지 않고 하루를 보낸 사람은 그 날을 낭비한 것이다.
10. "꿈을 이뤘을 때를 상상하며 웃어라"
    꿈과 웃음은 한 집에서 산답니다.

13.9 시샘도 눈치가 있어야지!

갓 시집 온 신부가 시부모에게 예를 드리다가 방귀를 뀌었습니다. 모든 사람들은 웃음을 참느라 애쓰고 신부는 홍당무가 되었습니다. 이때 안절부절 못 하던 유모가
"쇤네가 어른들 앞에서 실례를 했사오니, 너그럽게 용서해 주십시오."라고 빌었습니다.
시어머니가 신부를 감싸는 유모가 기특하여 비단 한 필을 즉석에서 상으로 주자. 이를 본 신부가 잽싸게 비단을 빼앗으며
"방귀는 내가 뀌었는데, 유모가 상을 받음은 마땅치 않사옵니다."

13.10 심술

빚쟁이가 공중변소에 들어가는 것을 보고 밖에서 문을 잠가 버렸습니다.

13.11 아이러니

- 사람의 생명은 어떠한 경우라도 돈으로 계산 할 수 없다면서 어떤 사고로 사람이 죽으면, 해결해 주는 것은 결국 돈이더라.

- 갈비집에서 일하고 있는 사람은 거의 모두가 갈비 씨가 아니라 뚱보라는 사실!

- 죽는 것이 좋겠다고 입버릇처럼 말하면서 위험이 닥치면 제일 무서워하는 사람

- 산부인과 의사는 여자 덕분에 살아가는 걸까? 아니면 남자 덕분에 살아가는 걸까?

13.12 국산 담배

담배 개방 압력이 심할 때였습니다.
미국을 방문 한 한국 관리가 미 식약청 관리에게 말했습니다.
"미국은 과연 신사의 나라이군요. 오늘 이곳에 와보니 독성이 있는 담배는 전부 미국에서 소비하고, 독성이 없는 담배만 수출하니 말입니다"
미국 관리 그게 무슨 말씀입니까?
"아, 국내용 담배에만 위험성 표시가 있으니 말입니다."

13.13 빈손으로 갑니다

알렉산더 대왕은 자기가 죽으면 손을 묶지 말라고 유언했습니다. 당시 장례 관습은 소매가 굉장히 긴 수의를 입혀 시신의 팔을 끼운 다음 소매 끝을 묶었습니다. 그렇게 되면 손이 보이지 않았습니다.
그는 왜 이런 별난 유언을 한 것일까요? 그것은 조문하러 오는 수많은 사람들에게 자기의 손을 보여 주고 싶었기 때문입니다.
"세상에서 자기만큼 많은 것을 가졌던 사람도 없고, 자기처럼

넓은 땅을 정복한 사람도 없었지만, 결국 자기 자신도 죽은 다음엔 빈손뿐이라는 무언의 교훈을 남기고 싶었던 것입니다."

13.14 현찰이 좋아

중동 붐이 한창 일 때의 이야기입니다.
대통령상을 받으면 귀국 휴가를 받을 수 있고 상장과 부상이 있어 모두 받고 싶어 하였습니다. 소장상은 상장과 500리얼(약 250$)을 받아서 좋아하였습니다. 그런데 노동부장관상은 상장만 수여하였습니다. 명예로운 상이지요. 노동부장관상을 받기로 예정된 대상자가 소장님을 찾아 와서 하는 말
"소장님, 장관상을 소장님 상과 바꾸면 안 될까요?"

13.15 무용단

예쁜 무용수들이 많은 무용단의 공연을 보고 난 한 사내가 무용수에게 쪽지를 보냈습니다.
"저와 함께 멋진 저녁 시간을 보내지 않으시렵니까?
오랫동안 당신을 생각해 왔습니다.
그대는 이 세상에서 내가 반한 유일한 여인 입니다."
추신: 가부간 꼭 연락해 주세요.
"2, 3번 아가씨와의 약속을 취소해야 하거든요."

13.16 소방수

밤에 길가에서 소변을 보던 취객에게 마침 지나가던 경찰관이 손전등을 비추며 다가와서 물었습니다.
"당신, 도시 한 복판에서 지금 뭐 하는 거요?"
"아-네, 지금 담뱃불이 떨어져 있어서 끄고 있는 중입니다."

13.17 소변

어떤 소변기 위에 다음과 같은 글이 씌어져 있었습니다.
"나, 그대의 재떨이에 소변을 본 일이 없건만, 그대 어찌하여 내 소변기에 담배꽁초를 버렸는고?"
그대가 "이 담배꽁초를 치우지 않는다면 나 그대의 재떨이에 소변을 보리라."

13.18 손님은 왕

아무리 더럽게 찾아와서 목욕을 하고 가도, 언제나 깨끗하게 보내드립니다.
이것이 손님을 왕으로 모시는 저의 목욕업자의 사업입니다.

13.19 위장 전술

어떤 처녀가 할머니와 택시 합승을 하고 가는데 방귀가 나올려

했습니다.

처음 몇 번은 참았지만 시간이 갈수록 참을 수가 없었습니다.

처녀는 이리저리 머리를 굴려 꾀를 내어 유리창을 손가락으로 문지르면서 '뽀드득' 소리가 날 때마다 방귀를 뽕뽕 뀌었습니다.

속이 그렇게 시원 할 수가 없었습니다.

그런데 할머니가 그 처녀를 빤히 쳐다보며 이렇게 말했습니다.

"냄새는 어쩔 건데?"

13.20 얼마나 걸리느냐?

길을 가던 봉수는 밭에서 일하고 있는 늙은 농부에게 다음 마을까지 가려면 얼마나 걸리느냐고 물었습니다. 노인은 대꾸도 하지 않았습니다.

그런데 얼마쯤 가자 뒤에서 부르는 소리가 들렸습니다.

"여보시오, 젊은이 나 좀 보시오."

봉수가 뒤 돌아보자 노인은

"한 20분가량 걸리겠소." 했습니다.

"아까 물었을 때 왜 대답해 주시지 않았습니까?"

봉수가 물었더니

"젊은이 걸음걸이가 얼마나 빠른지 모르지 않소?"

13.21 더 살기 좋은 나라

한 미국인과 러시아인이 어느 나라가 더 살기 좋은지에 대해 말싸움이 붙었습니다. 먼저 미국인이 입을 열었습니다.

"이봐요, 나는 백악관에 들어가 대통령 집무실 책상을 치며 이렇게 말할 수 있어요. - 대통령님, 저는 당신이 우리나라를 이런 식으로 다스리는 것이 마음에 들지 않습니다."

이 말에 러시아인은 "나도 물론 그렇게 할 수 있습니다."라고 대응 했습니다. 미국인은

"당신도 그렇게 할 수 있다고요?" 하면서 믿을 수 없다는 표정을 지었습니다.

"물론이지요. 나도 크렘린에 있는 고르바초프 서기장 집무실에 들어가 이렇게 말 할 수 있습니다. - 서기장님, 저는 레이건 대통령이 미국을 저렇게 다스리는 방식을 싫어합니다."

13.22 보드카 사기

고르바초프는 취임하자 곧 보드카 판매를 제한하였습니다. 국민들이 보드카를 너무 많이 마셔서 그냥 둘 수 없는 상태였기 때문입니다.

이 조치가 내려지자 사람들은 보드카를 사기 위해 상점 앞에서 줄을 서기 시작했습니다. 하루는 두 젊은이가 보드카를 사기 위해 한 시간 반을 기다리게 되었습니다. 그러자 한 젊은이가 "더 이상 기다리지 못하겠습니다. 정말이지 이젠 진절머리가 납니다. 고르바초프 때문에 이렇게 되었으니 크렘린에 가서 그를 쏘아 죽이겠다." 하고 사라졌습니다.

그런데 한 시간쯤 지난 후에 그 젊은이가 다시 돌아왔습니다. 같이 줄을 섰던 젊은이는 아직도 차례가 되지 않아 기다리고 있었습니다.

이 젊은이가 물었습니다.

"고르바초프를 쏘아 죽였습니까?"

그러자 그 젊은이가 대답했습니다.

"말 말아요. 거기는 여기보다 줄이 더 깁디다."

13.23 잠만 자는 성도

설교시간만 되면 조는 성도가 있었습니다. 마음에 상처를 줄까 하는 염려에서 참고 있었지만, 오늘은 그 까닭을 물어봐야겠다고 마음먹고,

"왜 당신은 내가 설교를 시작하면 조는 겁니까?"라고 말하자

그는 이렇게 대답했습니다.

"제가 목사님을 믿지 못한다면, 어떻게 이렇게 편안히 잠이 들 수 있겠습니까?"

13.24 웃음 씨리즈

우리나라 말 같이 웃음을 여러 가지로 표현 할 수 있는 말도 없을 것입니다

다음은 직업별 웃음소리

바람둥이 Girl … 걸, 걸, 걸

남자 바람둥이 Her … 허, 허, 허

여자 바람둥이 He … 히, 히, 히

요리사 Cook … 쿡, 쿡, 쿡

축구선수 Kick … 킥, 킥, 킥

수사반장 Who … 후, 후, 후
어린애들 Kid … 키득, 키득, 키득
　악마　 Hell … 헬, 헬, 헬
　살인마　Kill … 킬, 킬, 킬

13.25 더 떠 주세요

조폭처럼 생긴 무서운 아저씨가 영희가 운영하는 아이스크림 가게에 왔습니다.
"어서 오세요. 무엇으로 드릴까요?"
"바닐라 주세요."
"예, 여기 있습니다. 고객님"
"더 퍼주세요."
퉁명스런 고객의 태도에 당황 하였지만, 미소를 잃지 않으며 영희는 더 퍼서 얹어주며
"여기 있습니다. 고객님!"
"더 퍼 달라니까요."
많이 당황한 영희가 더 퍼 담으며
"네-, 고객님, 아주 많어 퍼서 얹어드렸서요."
아저씨는 버럭 화를 내며 말했습니다.
"아니 뚜껑 덮어달라니까!!"

13.26 위기에서

해수욕장에서 익사 직전의 아가씨가 인공호흡 덕분에 살아나자.

감격해서 구해준 청년에게 감사의 말을 했습니다.

"당신이 내 목숨을 구해 주었어요! 사람들이 그러는데 당신의 인공호흡이 1분만 늦었어도 저는 죽었을 거라고 하던데요!"

그러자 사나이는 더 신이 나서 말했습니다.

"당신에게 인공호흡을 하려는 다른 두 녀석을 때려눕히지만 않았어도 당신을 더 일찍 구할 수 있었는데!!"

13.27 옛 친구

한 유명한 배우가 스케줄 때문에 시골의 허름한 식당에서 식사를 하게 되었습니다. 그런데 언젠가 같이 촬영을 했던 친구가 접시를 나르고 있는 것을 보고 깜짝 놀랐습니다.

"아니, 자네가 이런 지저분한 식당에서 일을 하다니!!"

그러자 그는 태연하게 말했습니다.

"그렇지만 나는 이곳에서 먹지는 않는다네!"

13.28 혼인 축전

바쁜 일로 결혼식에 참석하지 못한 신부의 친구는 축전을 보냈습니다. 그녀는 글자 수를 줄이기 위해 성경의 장과 절만을 적은 축전을 보내기로 했습니다. 그것은 '요한1서 4장 18절'이었습니다.

"사랑 안에 두려움이 없고 온전한 사랑이 두려움을 내어 쫓나니 … "

그런데 불행하게도 전문을 치면서 타자수가 그만 요한1서의 '1'

자를 빼먹고 말았습니다. 그래서 사회자는 요한복음 4장 18절을 읽었습니다.

그래서 하객들은 놀라 자빠지고 말았습니다.

"네가 남편 다섯이 있었으나 지금 있는 자는 네 남편이 아니니 … ."

2016. 5. 권사회 갑돌이와 갑순이 공연 후

하와이
처제가족

2013년말 타지키스탄 가니바다에 교회를 헌당하고

Xee훈련을 마치며 쓴 간증

6년 동안 우즈벡 선교사로 지나던 시절은 복음의 암흑지대에서 움츠리고 살아왔습니다. 가슴이 꽉 막히고 영적으로 갈급한 상태였습니다. 고국에서 여기저기 복음 전하는 자유스런 모습과 복음대회를 볼 때 마다 역시 우리나라는 축복 받은 나라임을 새삼 느낄 수 있었습니다.

더구나 9월에 있었던 우리 교회에서의 선교대회는 주님의 크신 축복과 사랑의 손길을 느낄 수 있었던 은혜로운 대회였으며, 제가 할렐루야교회에 속해 있다는 것이 무척 든든하고 자랑스러웠습니다.

이번 저에게 주어진 Xee 훈련은 주님께서 허락하신 또 한 번의 큰 축복의 기회였습니다. 영적으로 재충전하고 싶은 간절한 마음을 채울 수 있는 깊은 샘물이었습니다. 학습과정을 조금씩 해나가면서 "구원의 확신"이 있는 그리스도인이라면 이 Xee 과정은 필수라는 생각도 하게 되었습니다. 12년 전 전도폭발 훈련을 받을 때와 똑 같은 생각이 들었습니다. 복음 제시를 위해 여러 사람들을 만나게 되면서 뜻 밖에도 준비된 심령이 있어서 결신하게 되고, 주님께서는 저와 같이 부족한 자도 다시 훈련시켜 복음의 도구로 사용하심에 감사드렸습니다.

짧은 기간에 순간, 순간 성령께서 복음의 현장에 함께 하시는 체험을 하면서 이 Xee를 준비하며, 봉사하는 손길들의 많은 기도와 사랑의 수고를 느낄 수 있었습니다. 그 동안 학습과정을 끝까지 잘 마칠 수 있도록 기도와 사랑과 격려로, 때로는 칭찬으로 돌봐 주신 그룹장님과 조장님께 감사드립니다.

수료는 그 동안 배운 것을 지혜롭게 잘 활용하라는 튼튼한 받침대라고 생각하며 잘 디디고 힘을 내어 열심히 복음의 일꾼이 되어야겠다는 생각을 합니다.

지금껏 해보니 복음 제시를 위해 갈 곳이 더 있고, 찾아 갈 사람이 또 있다는 생각을 합니다. 그동안 Xee 훈련을 위해 시간과 공간을 함께한 모든 분들게 감사드리며, 사랑의 마음 전합니다.

2014. 11. 이경자

편집 후기

많은 분들이 살기 어렵다고 아우성 치고 있지만, 관점을 조금 달리 보면 역사 이후 가장 풍요롭고 자유스러운 환경에서 우리는 생활하고 있다는 생각이 듭니다. 어려운 여건이 닥칠 때마다 숨을 크게 쉬고 다시 여유롭게 뒤집어 보면, 이 어려움도 또 지나갈 것입니다. 이럴 때 유머가 도움이 됩니다. 그런 바람에서 둔재지만 이 책을 편집 하였습니다. 재미있다고 밤 세위 읽지 마시고 가까운 곳에 두고, 틈틈이 몇 유머를 읽으며 행복하게 사시기 바랍니다.

어쩌면 마지막 책이 될지도 모른 다는 생각에 그동안 우즈벡에서 섬겼던 신학생들 졸업 사진, 시각장애인들 사진, 장애고아원 아동들의 사진 및 뉴호프재활재단 사진을 사이사이 넣었습니다. 저의 소중한 발자취이기 때문입니다. 지금은 러시아어를 사용하는 구 소련권 출신 분들을 대상으로 다문화가족 선교 활동을 하고 있는데 그 사진도 함께 넣었습니다.

아끼는 분들과 자손을 대상으로 하고 싶었던 단편들도 장 첫 머리에 실었습니다. 유머 책에 이런 글도 있나 생각하시는 분은 그냥 넘겨도 좋습니다. 귀국 후에 받았던 Xee훈련에 큰 감동을 받고, 쓴 아내의 간증문도 끝머리에 양념으로 실었습니다. 조금 많은 듯

했지만 친척들과 가까운 분들의 사진도 넣었습니다. 가능한 한 웃는 모습을 택했습니다.

바쁜 가운데서도 추천서를 써주신 김승욱 목사님, 이시영 장로님, 책이 나오는데 도움을 준 분들에게 감사드립니다.
행복을 기원합니다.

〈주 안에서 항상 기뻐하라. 내가 다시 말하노니 기뻐하라.〉 (빌 4:4)

매일 매일 기쁘게 살아요
웃음보따리

2017년 2월 20일 초판 1쇄 발행

편저자 | 송종섭
발행인 | 김수곤
발행처 | 도서출판 선교횃불
등록일 | 1999년 9월 21일 제 54호
　　　　전화 : (02)2203-2739
　　　　팩스 : (02)2203-2738
등록처 | 서울 송파구 백제고분로 27길 12(삼전동)
이메일 | ccm2you@gmail.com
홈페이지 | www.ccm2u.com

ⓒ 도서출판 선교횃불

ISBN 978-89-5546-389-7 03230

· 이 출판물은 저작권법의 보호를 받는 저작물이므로 무단전재와 무단복제를 금합니다.
· 파본은 교환해 드립니다.